LOUIS SCHAUDEL

MEMBRE TITULAIRE DE L'ACADÉMIE DE STANISLAS

LES

COMTES DE SALM

ET

L'ABBAYE DE SENONES

AUX XIIe ET XIIIe SIÈCLES

CONTRIBUTION A L'HISTOIRE DE

SENONES, PIERRE-PERCÉE, BADONVILLER, BLAMONT, DENEUVRE

Avec trois gravures et une planche

Ouvrage couronné par l'Académie des Inscriptions et Belles-Lettres

BERGER-LEVRAULT, LIBRAIRES-ÉDITEURS

NANCY-PARIS-STRASBOURG

1921

LES
COMPTES DE SALM

ET

L'ABBAYE DE SENONES

AUX XIIᵉ ET XIIIᵉ SIÈCLES

LOUIS SCHAUDEL

MEMBRE TITULAIRE DE L'ACADÉMIE DE STANISLAS

LES
COMTES DE SALM

ET

L'ABBAYE DE SENONES

AUX XIIᵉ ET XIIIᵉ SIÈCLES

CONTRIBUTION A L'HISTOIRE DE

SENONES, PIERRE-PERCÉE, BADONVILLER, BLAMONT, DENEUVRE

Avec trois gravures et une planche

Ouvrage couronné par l'Académie des Inscriptions et Belles-Lettres.

BERGER-LEVRAULT, LIBRAIRES-ÉDITEURS

NANCY-PARIS-STRASBOURG

1921

A MONSIEUR CHRISTIAN PFISTER

PROFESSEUR A LA SORBONNE

JE DÉDIE CE TRAVAIL, POURSUIVI, DE 1915 A 1918

SOUS LES BOMBARDEMENTS

DE LA BELLE ET VAILLANTE VILLE DE NANCY

DONT IL EST L'HISTORIEN

INTRODUCTION

C'est en réunissant les matériaux pour une monographie de Badonviller que je fus amené à entreprendre cette étude, l'histoire de cette malheureuse petite ville martyre, victime de la dernière irruption germanique, se confondant, jusqu'au début du xviie siècle, avec celle du comté de Salm, qui s'était formé, au xiie siècle, sur les confins du duché de Lorraine et de l'évêché de Metz. C'est donc l'histoire des comtes de Salm de la première dynastie qui devait me fournir les éléments de la monographie projetée. Malheureusement, cette histoire restait encore à faire.

Ce n'est, en effet, qu'accessoirement et d'une manière assez confuse que nos grands auteurs lorrains, Benoît Picart, Dom Calmet, se sont occupés des comtes de Salm. Il en est de même de l'auteur luxembourgeois, le P. Bertholet et des historiens messins, Meurisse et les Bénédictins. Au xixe siècle, Digot a souvent mentionné les comtes de Salm; de même, Gravier, dans son *Histoire de la ville épiscopale de Saint-Dié*, mais presque toujours sans indication de sources. En 1866, A. Fahne, en publiant sa *Geschichte der Grafen jetzigen Fürsten zu Salm-Reiffer-*

scheid (1), a consacré aux comtes de Salm-en-Ardenne
et aux comtes de Salm-en-Vosge deux tableaux
généalogiques accompagnés de copies et d'analyses
de documents du XIIIe siècle, jusqu'alors inédits,
puisés aux archives de Coblence. Ces documents,
émanant du règne du comte Henri IV, m'ont permis
de rectifier plusieurs erreurs importantes relatives à
ce comte et à son épouse Lorette de Castres.

En 1895, sous le titre *Comté de Salm-supérieur dans
les Vosges*, M. Stieve, de Saverne, a fait paraître, dans
le *Jahrbuch des Historisch-Litterarischen Zweigverein
des Vogesen-Clubs*, une notice qui a été traduite par
M. F. Baldensperger et publiée dans le *Bulletin de la
Société philomatique vosgienne* (2). Mais cette notice,
d'ailleurs très courte, n'a fait que reproduire les
données trop souvent erronées des publications antérieures.

Un ouvrage considérable, luxueusement édité et
richement illustré, a paru, en 1898, sous le titre
*Documents pour servir à l'histoire de la principauté
de Salm-en-Vosges et de la ville de Senones, sa capitale dans la seconde moitié du* XVIIIe *siècle* (3). Dû
à la plume et à la libéralité du baron F. Seillière, cet
ouvrage, comme son titre l'indique du reste, a trait
surtout à la principauté de Salm, bien distincte du
comté originaire, dont les domaines ont suivi de
tout autres destinées, et sur lequel il contient par
suite fort peu de renseignements relatifs aux XIIe et

---

(1) Cologne, 1866.
(2) 1895-1896, p. 281-297.
(3) Paris, 1898.

xɪɪɪ^e siècles. Il nous a été cependant fort utile pour reconstituer le plan des ruines du château de Salm-en-Vosge au xvɪɪɪ^e siècle et le dessin des pierres tombales du comte Henri II et de Judith de Lorraine, son épouse, avec les sculptures dues au ciseau du moine Richer de Senones; d'autre part, dans sa collection des sceaux, nous avons eu la satisfaction de trouver la reproduction des sceaux équestres des comtes Henri II et Jean Ier.

Enfin, en 1908, M. Thouvenot a consacré sa thèse de doctorat en droit à *L'Avouerie de l'abbaye de Senones et la Principauté de Salm*. Dans un avant-propos, il déclare qu'il n'essaiera pas de refaire l'histoire de l'abbaye de Senones ou celle de la maison de Salm, et il ajoute : « Dom Calmet a fait l'histoire complète du monastère dans *l'Histoire de l'Abbaye de Senones* et Gravier a retracé les destinées de la maison de Salm dans l'*Histoire de la ville épiscopale et de l'arrondissement de Saint-Dié;* je renvoie, à ces auteurs, les lecteurs voulant combler les lacunes relatives à l'histoire générale de ce pays (1). » Or, M. Thouvenot a omis de faire cette remarque, très importante, que l'histoire de l'abbaye de Senones a été laissée, par Dom Calmet, à l'état de simple projet qui, d'après l'aspect même du manuscrit, avec ses nombreuses ratures et ses notes volantes annexes, attendait évidemment une rédaction définitive. L'impression de ce manuscrit, tel quel, a eu lieu par les soins des so-

____

(1) M. Tʜᴏᴜᴠᴇɴᴏᴛ, *L'Avouerie de l'Abbaye de Senones et la principauté de Salm* (661 [?] 1793). Thèse de doctorat en droit, Bordeaux, 1898, p. 5-6.

ciétés d'histoire d'Épinal (1) et de Saint-Dié (2).
Il s'agit donc d'un ouvrage posthume qui n'engage
ni la responsabilité de Dom Calmet, ni celle des édi-
teurs. Et je n'étonnerai certes pas les personnes au
courant de la question, en disant que l'histoire de
l'abbaye de Senones reste encore à faire; elle attend,
pour cela, un historien comme celui qui a écrit avec
tant de compétence et d'autorité l'histoire de l'abbaye toute voisine de Moyenmoutier (3).

En se contentant, d'autre part, quant à l'histoire
des comtes de Salm, de l'ouvrage de Gravier, qui ne
s'occupe de ces comtes que d'une manière incidente
en reproduisant ou en résumant les auteurs du
XVIIIe siècle qu'il néglige d'ailleurs presque toujours de citer, M. Thouvenot ne s'est pas montré
difficile sur le choix de ses sources. Les conséquences
se font aussitôt sentir d'une façon par trop éclatante
dans ce passage de son avant-propos : « Les comtes de
Salm, limités dès l'origine, alors qu'ils n'étaient que
simples voués de l'abbaye, à leur fief de Bayon, surent
accroître leurs possessions d'une façon imposante... »

Ainsi, M. Thouvenot attribue à la maison de Salm,
au XIIIe siècle, un fief qu'elle n'a jamais possédé et il
ignore que le fondateur de cette maison n'est, ni plus
ni moins, qu'un cadet de la puissante dynastie des
comtes de Luxembourg, élu roi de Germanie contre
l'empereur Henri IV et qui conserva le titre de comte

---

(1) *Documents inédits de l'Histoire des Vosges.*
(2) *Bulletin de la Soc. philom. vosgienne.*
(3) L. JÉROME. *L'Abbaye de Moyenmoutier.* Paris, 1902.

de Salm transmis à son fils Herman II avec tout son héritage; que ce dernier agrandit ensuite considérablement ses domaines patrimoniaux de ceux que lui apporta en mariage Agnès de Montbéliard, veuve de Godefroy de Langenstein, et situés dans le Saulnois et le Blâmontois, domaines qui formèrent plus tard le comté de Salm-en-Saulnois ou en Vosge et celui de Blâmont !

Je n'insiste pas. M. Thouvenot, comme moi-même avec mon projet de monographie de Badonviller, s'est trouvé dans une région très imparfaitement explorée par des auteurs qui se sont contentés de reproduire, sans les contrôler et les soumettre à une critique vigilante, les données très abondantes de la chronique du moine Richer, de Senones. Avant d'entreprendre un travail sur l'avouerie de l'abbaye de Senones et la principauté de Salm, il eût fallu posséder une véritable histoire de l'abbaye et une histoire des comtes de Salm. Cette base fondamentale faisant défaut, l'édifice à élever devait forcément manquer de solidité, quelle que fût d'ailleurs la science du droit et des lois de l'auteur de la thèse. Celle-ci contient certes des parties très louables. Ainsi l'analyse de la charte de fondation de l'abbaye de Senones aboutit à des déductions très judicieuses et rationnelles. D'autre part, les extraits des archives des Vosges, relatifs aux xive, xve et xvie siècles, constituent des éléments utiles pour l'histoire de l'abbaye de Senones dans ses relations avec les comtes de Salm durant cette période.

En somme, pour l'époque que nous étudions,

c'est-à-dire les XIIe et XIIIe siècles, ce sont surtout les *Gesta Senoniensis ecclesiæ* du moine Richer qui ont fourni à tous les auteurs de notre région la plus grande partie des matériaux de leurs travaux. Aussi, avant de puiser nous-même à cette source abondante, nous semble-t-il indispensable d'examiner attentivement si nous pouvons en toute sécurité nous appuyer sur le témoignage de Richer et accepter en toute confiance ses renseignements, ses appréciations et ses jugements. Cet examen préalable s'impose d'autant plus que les erreurs déjà relevées sont nombreuses et que certains chapitres font apparaître l'écrivain sous un jour qui n'inspire pas une foi absolue dans son impartialité et son esprit de justice.

Les *Richeri Gesta Senoniensis ecclesiæ* ont été publiés pour la première fois, en 1659, dans le *Spicilegium* de dom Luc d'Achery, non d'après l'original déposé à la Bibliothèque nationale, mais d'après une copie faite au début du XVIIe siècle par un moine de Senones nommé Maire, et envoyée à d'Achery en 1658. Cette publication fut d'ailleurs incomplète, l'éditeur ayant omis en tout ou en partie vingt et un chapitres.

Le manuscrit original est contenu dans le *Codex parisiensis* Lat. n° 10016 (suppl. lat. 554) en parchemin de 113 folios, écriture du XIIIe siècle. Il a été certainement écrit sous les yeux de l'auteur, mais présente des différences d'écritures et d'encre témoignant de quelques modifications postérieures. Une copie faite en 1536, d'après la suscription, sur un exemplaire « périssant de vétusté », est conservée à la bibliothèque municipale de Nancy. Son texte a été traduit en français au xviᵉ siècle, comme en témoigne un manuscrit de 1599 appartenant à ladite bibliothèque. Cette traduction, imprimée par J. Cayon en 1842 et tirée à 100 exemplaires, est fort imparfaite et ne saurait évidemment remplacer l'original. Outre les manuscrits cités plus haut, il existe encore plusieurs copies de la chronique de Senones. Il y en a deux, du xviᵉ siècle, à la bibliothèque de la ville d'Épinal et trois, du xviiᵉ siècle, à la Bibliothèque nationale (Lat. 5206, S. Germ. lat. 475).

Dom Calmet a inséré une partie de la chronique de Richer dans son *Histoire de Lorraine* (1ʳᵉ édit., t. II, pr. col. 1); mais, au lieu de se servir du manuscrit original qu'il avait entre les mains, il n'a donné que quelques extraits d'après l'édition de Luc d'Achery.

La publication intégrale des *Richeri Gesta Senoniensis ecclesiæ* a été enfin faite par G. Waitz, d'après l'original de la Bibliothèque nationale, dans les *Monumenta Germaniæ historica, Scriptores*, t. XXV, p. 249 à 345. Elle est précédée d'une étude critique très étendue, mais qui est loin d'avoir épuisé le sujet; les appréciations de l'éditeur allemand ne diffèrent d'ailleurs pas sensiblement de celles précédemment émises par dom d'Achery et par la Société de l'Histoire de France (*Annuaire-Bulletin* de 1864, p. 40-43 et 79-83).

D'après les propres déclarations de Richer, on sait qu'il fit ses études à Strasbourg, mais on ignore le lieu de sa naissance. Waitz le croit originaire de la

Lorraine, «bien qu'il connût aussi la langue tudesque ». Né vers la fin du xiie siècle, il commença à écrire ses *Gesta* un peu après 1254, et il continue son récit jusqu'en 1264. Il semble avoir été quelque temps prieur ou prévôt de Deneuvre.

Après dom Luc d'Achery, qui qualifie l'œuvre de Richer de « bonne histoire monastique, mais mal écrite et confuse », G. Waitz dit qu'il usa du langage presque rustique, quelquefois contre l'art de la grammaire, souvent contre les règles de l'orthographe. Mais ce n'est pas par pure modestie que l'auteur des *Gesta* déclare qu'il écrit à la manière des balbutiements d'un enfant (*more balbutientis infantis*), en rustique et non en philosophe (*non « philosophando » sed « rusticando »*). Il veut sans doute dire par là qu'il écrit comme il parle, non dans le langage des philosophes, mais dans celui des ruraux, des paysans ou des campagnards comme nous dirions aujourd'hui. Son texte nous donnerait ainsi une idée du latin en usage dans les monastères vosgiens au xiiie siècle, à une époque où déjà la langue romano-française commençait à être usitée dans les actes.

G. Waitz, l'éditeur des *Gesta Senoniensis ecclesiæ*, estime que partout s'y révèle une véritable âme de moine : *ubique animam prodit vere monachicum.* Cette appréciation ne saurait être admise sans restrictions. Richer, écrivain médiocre, mais tempérament d'artiste indépendant, se montre partout comme un esprit frondeur, indiscipliné, ne rappelant nullement celui des véritables moines du Moyen Age, volontairement soumis à la règle, partageant leur existence entre le travail, la prière et l'exercice de leurs devoirs de religieux strictement réglés. Richer est un moine sans doute, mais un moine d'un type tout à fait spécial.

Dans le tableau des origines, des fondations, des accroissements et des vicissitudes diverses du monastère avant le XIIIe siècle, Richer ne fait que reproduire les écrits antérieurs ou les faits recueillis par la tradition. Son caractère personnel, son véritable esprit se révèlent seulement dans ses appréciations et ses jugements sur les personnes et les choses, dans le récit des événements contemporains, contestations, querelles, luttes avec les voués du monastère. Là, Richer apparaît comme un moine intrigant, vindicatif et passionné, uniquement préoccupé des intérêts matériels de la communauté.

Ses jugements sur les trois titulaires qui se sont succédé sur le siège abbatial de Senones, de 1206 à 1270, et qui tous trois furent ses supérieurs directs, suffiront peut-être à mettre en lumière cette première appréciation.

Ni l'abbé Henri, qui mourut en 1225, ni l'abbé Baudouin qui gouverna l'abbaye de 1238 à 1270, ne trouvèrent grâce devant sa censure. A l'abbé Henri, un Messin, il reproche d'être trop économe, de ne pas accorder aux religieux tout ce qu'ils étaient accoutumés à recevoir et, par là, d'avoir mis la division entre eux. Richer ajoute qu'il opprima fort l'église de Senones, qu'il abolit entièrement la prévôté de cour (qui était dans l'enceinte de l'abbaye), qu'il supprima l'office d'aumônier et se réserva la chancellerie, ainsi que toutes les obédiences, de sorte qu'aucun de ses moines ne connaissait l'état du monastère, pas plus en dedans qu'en dehors (1).

Le successeur de l'abbé Antoine, l'abbé Wildéric (1224-1237), mérita tout d'abord l'approbation de Richer pour son règlement de l'office divin dans son monastère, mais surtout pour la lutte violente qu'il entreprit contre le comte de Salm, coupable d'avoir exigé l'accomplissement du devoir féodal de deux de ses vassaux, frères de l'abbé (2). Aussi, quand l'abbé Wildéric échangea son abbaye de Senones contre celle de Saint-Evre de Toul, Richer ne trouva-t-il à lui reprocher que l'annexion à son nouveau siège de plusieurs dépendances de l'abbaye de Senones (3). La succession de cet abbé donna lieu à des compétitions dont l'auteur des *Gestes de l'église de Senones* a complaisamment noté toutes les particularités, d'ailleurs fort peu édifiantes. Il résulte de son récit qu'il joua dans la circonstance un rôle **très** actif et il fut certainement l'un des candidats que l'abbé Wildéric aurait voulu avoir pour successeur à Senones (4). Son échec explique peut-être la malveillance toute spéciale que Richer manifeste à l'égard du nouvel abbé. Celui-ci, du nom de Baudouin, était un religieux de l'abbaye de Gorze, devenu prieur

---

(1) Richer, l. 4, ch. 22. M. G. H. ss. XXV, p. 311.
(2) *Ibid.*, l. 4, ch. 25; M. G. H. XXV, p. 313.
(3) *Ibid.*, l. 4, ch. 26; *Ibid.*, p. 314.
(4) *Ibid.*, l. 4, ch. 26, p. 314.

de Varangéville ; il prit possession de l'abbaye de
Senones en 1239 et mourut en 1270. C'est donc durant son abbatiat que le moine Richer écrivit ses
Gesta Senoniensis ecclesiæ. Et voici le portrait qu'il a
laissé de l'abbé Baudouin :

Il n'avait pas encore atteint la fleur de l'âge, il était
prompt en actions, peu disposé à écouter, véhément en
paroles, et se mettait facilement en colère ; usant surtout
de son propre conseil, n'ajoutant foi qu'à quelques adulateurs, flatteurs ou médisants, il cherchait avant tout
sa gloire personnelle... Toutefois, il se distinguait par une
certaine vertu d'hospitalité, en logeant les personnages
honorables, hommes d'armes ou d'autres conditions ;
enfin, il attirait volontiers des bouffons chargés de distraire ses hôtes et les rendre plus joyeux.

Richer termine cette esquisse par ce dernier trait
caractéristique :

Si j'écrivais tous ses autres faits, on pourrait me reprocher d'être injuste, d'agir par haine ou autrement.
C'est pourquoi, j'aime mieux m'en taire que d'en parler,
selon la parole de Moïse : « Tu ne découvriras pas la honte
de ton père. » Mais, s'il eût joint à ses bienfaits les façons
de faire de son Ordre ; s'il n'eût jamais diffamé ses moines,
comme il le fit ; s'il eût assisté volontiers à l'office divin
et eût plus souvent célébré la messe ; ou s'il eût été plus
soigneux des affaires du monastère et qu'il eût plus familièrement usé du conseil du couvent, nous n'eussions désiré
un autre prélat. Et parce que beaucoup de choses sont
arrivées contre les règles de notre Ordre, il est nécessaire
que nous remettions le récit pour quelque temps, vu surtout que lorsque j'écrivais ces choses, Baudouin vivait
encore (1)...

____

(1) Richer. l. 4, ch. 27, p. 315-316.

La mort de Richer, survenue vers 1264, par conséquent avant celle de l'abbé Baudouin, l'empêcha de retoucher ou de compléter ce portrait, bien moins intéressant au point de vue de la ressemblance que comme type de la manière de l'artiste.

En ce qui concerne les faits et les détails matériels dont Richer a été le témoin oculaire, nous pouvons, je crois, accepter son témoignage; mais il n'en est pas de même de ce qui se passait en dehors et à une certaine distance du monastère. Là, nous entrons dans le domaine de la légende, de la rumeur publique où, selon cette pensée de La Bruyère, le contraire des bruits qui courent est souvent la vérité. Sur ce terrain, l'imagination de Richer peut se donner libre carrière. Nous n'en voulons pour preuve que la singulière histoire de Sibille, béguine de Marsal, qui, secrètement approvisionnée par un complice, fit croire à la foule, accourue de toute part, qu'elle pouvait jeûner indéfiniment. En rapportant longuement et complaisamment cette mystification, Richer attribue à l'évêque de Metz, seigneur temporel de l'abbaye de Senones, un rôle tellement étrange qu'il est impossible de le prendre au sérieux (1).

N'oublions pas que dans ces temps à peine dégagés des grossières superstitions du paganisme local, le merveilleux jouait un rôle très important; aussi n'est-il pas étonnant de voir toujours le cas de mort violente ou subite d'un adversaire interprété comme

---

(1) Richer l. 4, ch. 19. M. G. H. XXV, p. 308-310. L'évêque dont il s'agit est Jacques de Lorraine.

la manifestation d'un châtiment. Je n'en citerai, pour exemple, que le récit du livre 1, chapitre 24, relatif à un vilain qui, *méritoirement*, fut foudroyé par un orage en charroyant du foin et dont voici la conclusion :

Cette infortune lui était arrivée pour ses démérites, notamment parce qu'il n'avait pas gardé l'honneur et révérence à Dieu et à saint Hydulphe, et qu'assurément son incrédulité lui avait valu une si rude punition. D'où, évidemment, il apparaît comment ledit saint châtie amèrement ceux qui l'ont pris en mépris et défend ceux qui le révèrent et l'honorent. Ainsi, ajoute Richer : j'aurai confiance, si le Tout-Puissant punit en ce monde présent aussi rigoureusement les contempteurs de son nom et de sa puissance et récompense ceux qui lui confèrent l'honneur qui lui est dû (1).

On peut donc appliquer à l'auteur des *Gestes de l'église de Senones* les réflexions que l'abbé Grandidier a faites au sujet de Heymon, religieux de l'abbaye allemande de Hirsau à la fin du xɪᵉ siècle :

...Accoutumés à exalter le patron de leur église, les moines ne manquaient pas de prêter à celui-ci leurs craintes, leur indignation, leur ressentiment. Jamais on ne pillait leurs domaines que le Ciel ne punît le brigandage... (2).

Certes, nous croyons à cette forme de la justice divine appelée la justice immanente, mais il faut

---

(1) Richer, l. 1, ch. 24. *Ibid.*,p. 268.

(2) Ph. A. Grandidier, *Œuvres histor. inéd.*, II, p. 120. Colmar, 1865.

que le châtiment s'applique à des méfaits ou des crimes relevant de la vindicte publique et qu'il ne puisse être invoqué dans un intérêt particulier ou pour satisfaire des rancunes personnelles.

Les assertions de Richer, basées sur des faits remontant au premier quart du XIIIe siècle, ou antérieurs, ne sauraient non plus être admises sans de très sérieuses réserves; celles-ci sont amplement justifiées par la méthode suivie dans la rédaction de la chronique, l'auteur nous apprenant lui-même que les faits dont il s'agit sont rapportés par lui d'après « d'autres plus anciens monuments écrits en vers (1) ». Or, ces chroniques rimées ne nous sont point parvenues.

D. Calmet, juge plutôt indulgent pour Richer, déclare que :

Cet écrivain lui est important surtout pour son temps et pour le temps qui en est proche, dont il donne une connaissance très curieuse et très exacte comme témoin; mais il faut avouer, ajoute-t-il, que pour les temps plus reculés, il a omis quantité de particularités importantes, pour n'avoir pas assez consulté les titres originaux conservés dans l'abbaye.

Le savant bénédictin relève ensuite plusieurs assertions manifestement erronées (2).

A côté de ces imperfections matérielles, il nous faut bien maintenant signaler l'attitude systémati-

---

(1) D. Calmet, *Hist. de l'Ab. de Senones,* éd. Dinago, p. 11.
(2) *Ibid.,* p. 12, 40.

quement hostile de Richer à l'égard de la maison de Salm. L'animosité, poussée jusqu'à la malveillance non déguisée, qu'il montre à chaque page consacrée aux membres de cette famille, démontre que nous sommes en présence, non d'un juge impartial, équitable et juste, mais d'un combattant dans la chaleur de l'action, et il n'est pas étonnant, dès lors, de le voir faire flèche de tout bois. Les éléments de ses imputations sont tellement emmêlés, enchevêtrés, qu'il est parfois difficile de suivre l'enchaînement des faits. C'est ainsi que des événements aboutissant à un accord paraissent parfois lui être postérieurs, ce qui leur donne le caractère aggravant, mais nullement justifié, de causes de rupture d'une paix précédemment conclue (1). Cette interversion, qui n'est peut-être due qu'à la méthode de l'auteur écrivant ses mémoires par chapitres détachés, rend difficile la tâche d'établir les motifs et la responsabilité de luttes que les accords successifs avaient précisément pour effet de terminer.

Les voués de l'abbaye de Senones n'étaient ni pires ni meilleurs que ceux des églises et abbayes des régions voisines de la même époque, et il suffit, pour s'en convaincre, de se rappeler les agissements des ducs de Lorraine et des comtes de Bar envers les églises et monastères sous leur protection. Les difficultés sans cesse renaissantes entre l'abbaye de Senones et ses voués sont dues, en dehors des causes générales inhérentes à l'institution même, à une situa-

---

(1) *Ibid.*, p. 137, 140 et suiv.

tion spéciale de cette abbaye, que nous aurons à mettre en lumière.

En résumé, les *Gesta Senoniensis ecclesiæ* de Richer se composent d'une série de tableaux de valeur très inégale, quelques-uns dus à l'imagination du moine artiste; mais d'autres, peints d'après nature, présentent un intérêt historique incontestable. Parmi ces derniers, figurent heureusement ceux consacrés aux comtes de Salm dans leurs rapports avec l'abbaye de Senones. Le peintre a reproduit les traits de ses personnages tels qu'ils lui apparaissaient au milieu des passions surexcitées, des préjugés, des rivalités, des luttes qui régnaient alors, jetant le désordre dans tous les rangs d'une société en formation et troublant profondément la paix et la sécurité des malheureuses populations de cette région âpre et inhospitalière.

Les portraits de Richer ne sont donc pas des photographies, mais des dessins plus ou moins réussis, plus ou moins empreints de cet esprit satirique et malicieux, qui a inspiré les figures grotesques et même parfois indécentes dont les imagiers se plaisaient à orner les frises et les chapiteaux de nos édifices romans. C'est une œuvre qui a les défauts et quelques-unes des qualités des productions du XIIe siècle, où les personnages sont représentés sous des traits fortement accentués, avec des gestes violents et souvent outrés.

Nous ne devons pas oublier que les récits de Richer, touchant les comtes de Salm, sont ceux d'un témoin à charge, des plaidoyers contre l'accusé, où l'on passe naturellement sous silence tout ce qui est favorable à la défense. Pour émettre un jugement équitable, il nous faudrait le plaidoyer de la partie adverse; à son défaut s'imposent l'examen approfondi et raisonné des faits de la cause, et le contrôle, quand c'est possible, au moyen de documents authentiques contemporains.

Sous ces réserves, la chronique de Richer constitue une mine qui renferme des éléments d'une grande valeur pour notre histoire régionale.

———

Par une heureuse coïncidence, la première partie d'une étude, ayant la plus grande analogie avec la nôtre, vient de paraître dans les *Annales de l'Institut archéologique du Luxembourg* [Arlon, 1920), sous le titre : *Les Comtes de Salm-en-Ardenne*.

L'auteur, M. Vannérus, a consacré cette première partie à l'analyse des documents se rapportant à l'origine de cette dynastie, et, bien que nos travaux respectifs aient été menés parallèlement, mais à l'insu l'un de l'autre par suite de la barrière de fer et de feu qui séparait alors Nancy de Bruxelles, nous avons tous deux la satisfaction d'être arrivés aux mêmes conclusions. Ce résultat est d'autant plus appréciable que la question traitée, extrêmement confuse et embrouillée, offrait de très sérieuses difficultés.

———

LES
COMTES DE SALM

ET

L'ABBAYE DE SENONES

AUX XIIe ET XIIIe SIÈCLES

———

CHAPITRE I

Comté de Salm. — Comté de Luxembourg. — Évêché de Metz. — Château de Langenstein. — Abbaye de Senones. — Avouerie de l'abbaye de Senones.

Le comté originaire de Salm, celui dont la dynastie des comtes de Salm tire son nom, était situé dans la partie septentrionale du *pagus* moyen des Ardennes, aux confins du pays de Liége, de la principauté abbatiale de Stavelot, de la baronnie de Houffalize et du comté, puis duché de Luxembourg. Il entra, en 1803, dans la formation du département français de l'Ourthe, arrondissement de Malmédy, et passa, en 1814, au royaume des Pays-Bas, puis à celui de Belgique. Le territoire de ce comté primitif s'étendait sur un parcours de trois lieues et demie en longueur et deux lieues en largeur; il est traversé par une rivière fort

encaissée, le *Glain,* qui prend le nom de *Salm* avant
de mêler ses eaux claires à celles de l'*Amblève,* petit
affluent de l'*Ourthe* qui elle-même se jette dans la
Meuse.

La constitution géologique du sol n'offre aux habitants de cette région qu'un terrain aride peu favorable
à la culture ; mais, en revanche, le sous-sol est riche
en ardoises, meules et fines pierres à rasoirs, dont
'exploitation remonte à la plus haute antiquité.
D'anciennes carrières abandonnées témoignent de la
longue durée et de l'importance de cette industrie.

Salm-château est à l'entrée d'une gorge étroite et
profonde dont le fond est à 372 mètres d'altitude,
tandis que les crêtes de la montagne qu'elle coupe
s'élèvent à 542 mètres. Cet emplacement a été,
de tous temps, choisi par les populations comme lieu
de refuge, témoin les retranchements d'un camp
préhistorique visibles au sommet de la montagne
située sur la rive droite de la *Salm.* En face, sur la
rive gauche, se trouvent les ruines de l'ancien château, dont il ne reste plus que quelques pans de murs
et une tour servant jadis de prison. A 1.500 mètres,
au sud-ouest, sur le territoire de la commune de Lierneux, à côté de nombreuses tombes gallo-romaines
et de fondements d'habitations détruites par l'incendie, on a trouvé quantité de meules à tous les
degrés de fabrication, en poudingue gédinnien ; les
plus anciennes sont petites et ovales et servaient à
broyer le grain par un mouvement de va-et-vient, et
les plus modernes sont rondes et se rapprochent des
meules actuellement en usage.

Vielsalm, actuellement chef-lieu du canton, est situé sur la rive droite de la *Salm,* dans un paysage où la vue s'étend, d'un côté, sur une importante colline criblée d'exploitations minérales, de l'autre sur plusieurs villages groupés dans l'enceinte d'autres collines, moins élevées, au delà desquelles apparaissent des bruyères à perte de vue et des blocs de rochers énormes couronnant les hauteurs.

Cette description m'a paru utile pour fixer nos idées sur la valeur comparative des domaines constituant le comté de Salm-en-Ardenne et ceux qui, par la suite, formèrent le comté de Salm-en-Vosge ou en Saulnois, et la seigneurie de Blâmont.

L'origine de la maison de Salm, si l'on en croyait une chronique de l'abbaye de Stavelot, remonterait aux temps antérieurs à l'ère chrétienne. Le premier de la lignée, d'après un manuscrit que le moine chroniqueur avait découvert, mais ne nous a pas transmis, serait *Salmo,* frère de *Colongus,* roi de Tongres, lequel aurait bâti le château de Salm. Après lui, seraient venus *Richarius, Martial, Mansuetus* et *Symetrius.* Sous l'administration de ce Symètre, sixième comte de Salm, du temps du pape Clément Ier et de l'empereur Trajan, serait arrivé à Tongres, Materne, un disciple de saint Pierre, pour évangéliser la contrée. Ses prédications l'amenèrent aussi à Salm où il opéra un miracle :

Au retour d'un voyage, Albana, une parente du comte Symètre, apprit avec terreur la mort de son jeune fils. Elle se rendit en toute hâte auprès de saint Materne qui venait d'arriver à Salm, se jeta à ses pieds et l'implora, promettant de se faire chrétienne s'il rendait la vie à son enfant. Materne tomba à genoux, à côté du petit corps inanimé, et pria Dieu avec ferveur; sa prière fut exaucée, et, l'enfant ayant été remis vivant à sa mère, celle-ci se fit baptiser avec les siens. Le comte Symètre tint le jeune ressuscité sur les fonts de baptême et le nomma *Symétrius*. Materne fit promettre au comte de faire instruire l'enfant, et, conformément à cette promesse, le jeune Symétrius, une fois parvenu en âge, fut envoyé auprès de saint Navit, le successeur de saint Materne à Tongres. Saint Navit l'instruisit dans la religion, l'associa à ses voyages évangéliques et plus tard à la prédication. A l'âge de trente ans, Symétrius se rendit à Rome pour visiter les églises des apôtres Pierre et Paul, et se perfectionner dans la pratique de la vie chrétienne. Le pape Pie Ier le reçut honorablement, le fit prêtre et le destina à l'enseignement. Symétrius travailla à Rome avec tant de zèle qu'il finit par subir le martyre sous l'empereur Antonin. Il fut inhumé au cimetière de Sainte-Priscille, où ses ossements furent découverts, six cents ans plus tard, par Babolenus, abbé de Stavelot, qui les fit transporter dans l'église de Lierneux (1).

Fr. de Rosières (2), s'appuyant, dit-il, sur l'autorité du Florentin L. Guichardin, donne une liste des

---

(1) Ce récit du moine de Stavelot a été publié par J. CHAPEAUVILLE, *In gestis pontif. Tongr.;* HERNINGES, *Theat. geneal. Gelen. pretiosa Hierotheca,* p. 20 *ej. de mir. mag.,* col. 34; BARONIUS DE MARTY, 26 maji Christ. DE GERNICHAMPS, *Déclaration chronologique concernant la vertueuse et mémorable vie de sainct Symetre, prestre et martyr,* imprimé à Liége par Léonard Streel, imprimeur juré; A. FAHNE, *Geschichte der Grafen jetzigen Fürsten zu Salm-Reifferscheid.* Cologne, 1866, 1re partie, p. 81-82.

(2) Francisco DE ROSIÈRES, *Stemmatum Lotharingiæ ac Barri ducum.* Tome VII, Paris, 1580.

comtes de Salm beaucoup trop complète et trop précise pour inspirer la moindre confiance. Aussi, je m'abstiendrai de la reproduire, même à titre documentaire. J'en agis de même à l'égard de la liste généalogique des comtes de Salm-en-Vosge, publiée au commencement du XVIIIᵉ siècle par Mussey (1), cette liste n'étant que la transcription abrégée de celle de Fr. de Rosières. Je passerai également sous silence l'invraisemblable histoire, contée par Jean Tanner (2), d'après laquelle l'un des premiers de la lignée de Salm aurait été, ni plus ni moins, qu'un témoin de la mort de N.-S. Jésus-Christ.

Les auteurs sérieux du XVIIIᵉ siècle, comme Benoît Picart, Dom Calmet, Bertholet, tout en considérant comme chimérique la généalogie des comtes de Salm antérieure au XIᵉ siècle, ont admis l'exactitude de la liste de Fr. de Rosières pour la période postérieure et ils ne l'ont guère modifiée qu'en faisant précéder Henri VII (37ᵉ comte), par Herman Iᵉʳ et Herman II, fils et petit-fils de Gislebert, comte de Luxembourg. Ils sont ainsi d'accord avec Du Chesne (3) pour reconnaître l'origine ardenno-luxembourgeoise de la dynastie de Salm-en-Vosge. C'est là tout le mérite de leurs listes généalogiques qui,

---

(1) D. Calmet, *Hist. de Lorraine*, t. I, col. CCVII, 1ʳᵉ édit., Généalogie des comtes de Salm de Vosge selon M. Mussey, dans sa *Lorraine ancienne et nouvelle*, Nancy, 1712.

(2) Jean Tanner, *Histoire des héros de Sternen*, imprimé à Prague, en 1732. Cf. Gravier, *Hist. de la ville épisc. de Saint-Dié ;* Épinal, 1836, p. 93.

(3) Du Chesne, *Preuves de la Maison de Luxembourg.* Cf. D. Calmet, I, col. CCVIII, 1ʳᵉ édit.

incomplètes, contiennent en outre des inexactitudes
dont le généalogiste Fahne a depuis rectifié quelques-
unes, tout en commettant de son côté une erreur sur
un point essentiel de l'histoire des premiers comtes
de Salm, celui relatif à l'auteur de la branche restée
fixée en Ardenne après que la tige principale de cette
maison se fut définitivement implantée dans la région vosgienne. Nous examinerons plus loin cette
importante question jusqu'ici laissée dans l'ombre,
sans doute à cause des difficultés rencontrées pour
trouver une solution satisfaisante.

Cherchons d'abord à établir, si possible, comment
le comté de Salm est entré en la possession des premiers comtes de Luxembourg.

COMTÉ DE LUXEMBOURG. — Nous savons que le
puissant État, d'abord comté, puis duché de Luxembourg, se constitua sur la fin du xe siècle et au commencement du xie, en faveur de Sigefroy que nous
considérons, avec notre savant confrère M. Robert
Parisot (1), comme le fils de Voiry (Wigéric), comte du
pagus Bedensis, puis comte du palais, marié à Cunégonde, fille d'Ermentrude, fille elle-même de Louis
le Bègue et mort entre 916 et 919. Cantonnés d'abord
dans le Sarregau et le Rizzigowe, Sigefroy et ses enfants étendirent leurs possessions successivement sur

-----

(1) R. PARISOT, *Les Origines de la Haute-Lorraine*, p. 414,
Paris, 1909. Sigefroy était comte du *pagus Mosellensis* (*in
pago Mosalgowe, in comitatu Sigifridi comitis,* dans une charte
de l'emp. Otton II). Il mourut le 15 août 998.

les contrées voisines de l'*Ardenne,* du *Methingowe,* du *Bidgau* (1).

Les titres qu'ils portaient et les situations acquises par les enfants de Sigefroy II témoignent, en même temps que de leur noble origine, de la puissance déjà atteinte par cette famille au commencement du XIe siècle. Ces enfants, au nombre de neuf connus, sont :

1° *Henri I*^er, comte de la Woëvre ardennaise, voué de Saint-Maximin et d'Echternach, fut duc de Bavière et mourut en 1026;

2° *Sigefroy* mourut célibataire en 993;

3° *Frédéric I*^er, comte du *pagus Mosellensis* et seigneur de Luxembourg, mourut en 1019;

4° *Thierry* fut évêque de Metz, de 1005 à 1046, sous le nom de Thierry II;

5° *Adalbéron,* seigneur de Roussy, Sierck, Sarrebourg et Berncastel, prévôt de Saint-Paulin de Trèves, fut archevêque intrus de Trèves de 1008 à 1016, † 1055;

6° *Gislebert,* comte *in comitatu Walderinga, in pago Mosellensi* (Walderfangen, arrondissement de Sarrebourg), fut tué, jeune encore, à Pavie, en 1004, durant la campagne de l'empereur Henri II, son beau-frère;

7° *Cunégonde* épousa l'empereur Henri II, dit le saint, et mourut en 1040;

8° *Ève* épousa Gérard Ier, comte d'Alsace;

---

(1) L. VANDENKINDERE, *La Formation territoriale des principautés belges au Moyen Age,* t. II, p. 467. Bruxelles, 1902.

9° *Abenze* vivait en 1040; on ignore si elle fut mariée (1).

*Frédéric I*er laissa, de son côté, neuf enfants connus, parmi lesquels nous citerons :

1° *Henri II*, voué de Saint-Maximin et d'Echternach, duc de Bavière (après son oncle), mort en 1046;

2° *Frédéric II*, comte en Ardenne, puis duc de Basse-Lorraine; mort, le 18 mai 1065, sans laisser d'héritier mâle. Il eut de son épouse Gerberge une fille, *Jutte*, mariée au comte Waleran d'Arlon; sa veuve en secondes noces, Raelande, se remaria au comte Albert Ier de Namur;

3° *Gislebert, comte de Salm* et seigneur de Luxembourg (2), de 1047 à 1059. Mort le 14 août 1059;

4° *Adalbéron*, évêque de Metz de 1047 à 1072, sous le nom d'Adalbéron III;

5° *Herman*, comte palatin de Lorraine, † 1086, époux d'Adelaïde, veuve d'Adalbert de Ballenstedt (3).

Le comte *Gislebert* laissa deux fils :

1° *Conrad I*er qui lui succéda et fut le premier appelé comte de Luxembourg (1086);

---

(1) J. Bertholet, *Hist. du duché de Luxembourg* et comté de Chiny, III, p. iv.

(2) Après la mort du duc Henri II et l'élévation de Frédéric II au duché de Basse-Lorraine, la possession principale de la famille dans la Moselle, avec Luxembourg, revint à Gislebert. De son frère Henri, il avait hérité les voueries de Saint-Maximin et d'Echternach.

(3) Gerold Meyer von Knonau, *Jahrb. des Deutschen Reiches unter Heinrich IV*, de Leipzig, 1900, I, p. 372, n. 141, p. 566, n. 32; III, p. 44 et 419, n. 127.

2° *Herman I*er, comte de Salm (1).

Comme on le voit, le comte Gislebert portait déjà le titre de comte de Salm et cela du vivant de son père Frédéric I er ; il figure, en effet, avec la qualification *Comes de Salmo*, dans un acte d'échange conclu, vers 1035, entre les abbayes de Stavelot et de Saint-Maximin (2).

La maison de Luxembourg a dû entrer en possession du comté de Salm, soit par le mariage du comte Frédéric I er, qui l'aurait donné en apanage à son troisième fils, soit par le mariage de Gislebert lui-même.

D'après Bertholet, Frédéric I er aurait épousé Berthe comtesse de Gueldre (3). Quant au comte Gislebert, le nom de sa femme est inconnu (4), et il est dès lors permis de supposer que c'est elle qui lui aura apporté le comté de Salm, passé ensuite, comme il était d'usage, à leur fils puiné *Herman I*er. Quoi qu'il en soit, c'est ce dernier que nous considérons comme la tige des comtes de Salm.

ÉVÊCHÉ DE METZ. — Pour expliquer l'extension vers le sud, sur les régions formant le temporel de l'évêché de Metz, des domaines de cette branche de la maison de Luxembourg, celle des comtes de Salm, il convient

---

(1) BERTHOLET, III, p. 35. KREMER, *Geschichte des ardennischen Geschlechts,* p. 76.

(2) *Urkundenbuch* de Beyer, Eltester et Goerz, I, n° 306. Cf. Vandenkindere, II, p. 233.

(3) BERTHOLET, III, p. v.

(4) *Ibid.:* A. NEYEN, *Biographie luxembourgeoise,* II, p. 103, Luxembourg, 1861.

de jeter un coup d'œil sur les principaux événements qui ont marqué la constitution de cet évêché et son administration au XIe siècle.

Les évêques de Metz avaient obtenu des derniers rois mérovingiens des privilèges d'exemption qui sont rappelés et confirmés par le *præceptum* ou diplôme de Charlemagne accordé à l'évêque Angelram, en 775. Ce diplôme d'immunité restreinte s'étendait à toutes les possessions de l'église de Metz, situées dans le pays messin et dans les *pagi* voisins. L'église de Metz avait alors des domaines considérables sur les bords de la Sarre, au pied des Vosges et jusqu'en Alsace. Charlemagne agrandit encore ces possessions en donnant à Angelram la régale de l'abbaye de Senones, qui de monastère royal devint ainsi abbaye épiscopale et vint augmenter le domaine temporel de l'évêché.

Une fois en possession du privilège d'immunité restreinte sur les hommes et les domaines de leur église, les évêques de Metz ne tardèrent pas à rendre cette immunité complète par l'acquisition de la juridiction civile et criminelle et par l'abolition des exceptions stipulées dans le *præceptum* royal et qui avaient laissé les hommes libres de l'évêché justiciables du comte et du juge public pour l'*hériban* ou service militaire, pour le service de garde et pour l'entretien et la construction des ponts. Cette transformation paraît accomplie avant la fin du IXe siècle.

L'autorité militaire des comtes sur les hommes libres de l'Église était ainsi passée aux mains de l'évêque, auquel il appartint désormais de proclamer l'hériban sur les terres de l'immunité, de lever les contributions pour la guerre, de demander des subsides et des contingents aux abbayes épiscopales, d'appeler les hommes libres sous les armes et d'organiser des milices pour la défense de l'évêché.

Par sa situation géographique, l'évêché de Metz formait comme le prolongement du comté de Luxembourg; il limitait, d'autre part, à l'est, les domaines des comtes de Bar et des ducs de Lorraine. Aussi, pendant des siècles, chacun de ces trois puissants voisins s'efforcera de placer un des siens sur le siège épiscopal.

Au début du xie siècle, la succession d'Adalbéron II (984-1005), fils de Frédéric, duc de Haute-Lorraine, va mettre au jour une rivalité qui se manifestera bien souvent au cours des siècles postérieurs. A la mort de ce prélat, son frère, le duc Thierry, fils et successeur de Frédéric, chercha aussitôt à ménager l'évêché de Metz à Adalbéron, son fils encore en bas âge. A cet effet, il décida le roi Henri II à y nommer, pour administrateur pendant sa minorité, Thierry, fils de Sigefroy II de Luxembourg. Mais Thierry, sollicité plus tard, dit-on, par le clergé et par le peuple de Metz de conserver pour lui-même le trône épiscopal, se laissa facilement persuader et n'attendit qu'une occasion favorable pour se déclarer. Elle ne tarda pas à se présenter. Henri II, en 1007, ayant assigné, à la mense épiscopale de l'évêché de Bamberg nouvellement créé, les principales terres qu'il avait données pour douaire à la reine Cunégonde son épouse, les quatre frères de celle-ci, Frédéric, Henri, Thierry et

Adalbéron, héritiers éventuels de ces terres, se liguè-
rent ensemble contre le roi leur beau-frère (1).

Adalbéron, prévôt de Saint-Paulin, à Trèves, profita
de cette circonstance pour s'emparer du siège épiscopal de cette ville, à la mort de Ludolphe, arrivée
sur la fin de 1007. *Thierry* l'imita, se fit déclarer
évêque de Metz et chassa de la ville le jeune Adalbéron, fils du duc Thierry de Haute-Lorraine, qui
lui avait été confié (2).

Henri II, informé de cette usurpation, s'avança
vers Metz dans le dessein d'en former le siège. Thierry,
de son côté, se disposa à la résistance et, pour se procurer du secours, engagea diverses terres de son
évêché. Le siège fut long et meurtrier. Enfin, la ville
se trouvant réduite aux dernières extrémités, et le
jeune Adalbéron étant venu à mourir dans l'intervalle,
on fit un accommodement en vertu duquel Thierry
demeura en possession de l'évêché de Metz (3).

Mais cet accord ne mit pas fin aux hostilités. La
lutte continuait pour la possession de l'archevêché
de Trèves, où Henri II avait fait nommer Megingaud, prévôt de l'église de Mayence. Trèves connut à
son tour les horreurs d'un siège qui dura trois mois.
Une capitulation, qui permit aux partisans d'Adalbéron de se retirer et confirma Megingaud sur le siège
archiépiscopal, ne termina toutefois pas la lutte. Adal-

---

(1) *Chron. Carionis ;* Cf. BERTHOLET, III, p. 59.

(2) *Ibid.*, p. 59.

(3) *Hist. Gén. de Metz*, par les Bénédictins, II, p. 113-114.
Ditmarus chron., cf. BERTHOLET, III, p. 60.

béron continua à porter le titre d'archevêque et empêcha Megingaud d'en exercer les fonctions (1).

Les hostilités se poursuivirent entre l'armée de l'empereur Henri II et celle des quatre frères de la maison de Luxembourg, commandée par Gérard Ier d'Alsace, comte de Metz, leur beau-frère, qui s'était joint à eux et qui, dans une bataille livrée en 1017, perdit son fils unique (2).

Cette guerre, après une durée de douze années, ne se termina qu'en 1019. A cette date, *Henri*, duc de Bavière, fit la paix avec l'empereur, qui lui rendit son duché. *Adalbéron*, sur les prières de l'archevêque Poppon, fut renvoyé à la prévôté de Saint-Paulin où il vécut en paix et s'y comporta avec sagesse jusqu'à sa mort. Quant à *Thierry*, évêque de Metz, son biographe déclare « qu'il gouverna désormais avec gloire et remplit si bien les fonctions de sa charge qu'on peut dire qu'il était encore plus grand prélat que brave capitaine et plus capable de conduire des âmes à Dieu que des soldats à la guerre ». Il signala son épiscopat par la construction de la cathédrale de Metz dont il jeta, dès l'an 1014, les premiers fondements ; la mort le surprit, en 1046, dans l'exécution de ce projet qui ne fut entièrement réalisé qu'en 1381 (3).

______

(1) *Chron. vetus.* Cf. BERTHOLET, III, p. 64.

(2) BERTHOLET, III, p. 67-69. Sur cette période, consulter le savant ouvrage de M. Rob. PARISOT, *Les Origines de la Haute-Lorraine*, Paris, 1909.

(3) Bénédictins, *Hist. de Metz*, II, p. 113-118. La cathédrale fut achevée en 1381, sous la direction de Pierre Pierrat, mort le 25 juillet 1400 et enterré sous un autel au-dessous de la sacristie, dans le collatéral du côté de la place de Chambre.

Nous avons vu qu'outre *Cunégonde*, qui épousa l'empereur Henri II, le comte Sigefroy II avait une fille du nom d'*Ève*, mariée au comte Gérard Ier, de la famille d'Alsace. Celui-ci, en l'an 1000, est qualifié voué de l'abbaye de Senones et il habitait alors le château de Turquestein. En 1005, il apparaît soudainement comme comte de Metz, nommé sans nul doute à cette charge par son beau-frère Thierry qui, précisément en cette année, prenait, comme administrateur, possession de l'évêché de Metz. Suivant le témoignage du chroniqueur, Herman Contract,

Il se joignit avec Henri, duc de Bavière, Thierry, évêque de Metz, et Frédéric, comte, en la rébellion qu'ils firent contre l'empereur Henri, pour la cause d'Adalbéron de Luxembourg, leur frère (1).

L'appui que Gérard Ier pouvait prêter à ses beaux-frères était d'autant plus efficace que lui et son frère Adalbert, qui lui succéda en 1020 dans le comté ou haute vouerie de l'évêché de Metz, dominaient dans la plupart des pays voisins. On peut se faire une idée de la puissance de cette famille dans ces contrées en songeant que ses vastes possessions ne suffirent pas seulement à fonder la maison ducale de Lorraine, mais qu'il en resta suffisamment pour former plus tard la seigneurie de Bitche et le comté de Vaudémont.

Nous avons vu que le comte Gérard Ier, qui dans la bataille livrée en 1017 commandait les troupes alliées contre Godefroy II, duc de Basse-Lorraine,

---

(1) *Chronic. Hermanni Contracti quod edidit Canisius.* Cf. Du Chesne, *Hist. de Luxembourg*, chap. 1 sur la fin.

perdit son fils unique Sigefroy. Aussi, lorsqu'il mourut, en 1020, le comté de Metz passa à son frère Adalbert Ier, le fondateur, avec sa femme Judith, de l'abbaye de Bouzonville (1). Adalbert Ier et Judith laissèrent deux fils : Gérard II, qui épousa Gisèle, fille de Gérard Ier, sa cousine germaine, et Adalbert II, le premier duc de Lorraine de la maison d'Alsace (2).

Rappelons encore que l'évêque Thierry II eut pour successeur immédiat sur le siège de Metz son neveu Adalbéron, fils de son frère Frédéric Ier de Luxembourg. Il avait étudié avec son cousin Brunon, fils de Hugues, comte de Dagsbourg, devenu évêque de Toul, puis pape sous le nom de Léon IX. Adalbéron III occupa le siège épiscopal de Metz de 1046 à 1072. Frère de Gislebert, comte de Salm et de Luxembourg, il était donc l'oncle de Herman! Ier, fondateur de la maison de Salm.

CHATEAU DE LANGENSTEIN. — Le titre de comte de Langenstein (3), que nous rencontrons au début de l'histoire des comtes de Salm, présentant un intérêt exceptionnel, j'ai dû me livrer à son sujet à des recherches que je vais essayer de résumer brièvement.

---

(1) Voir la charte, datée de février 1033, dans *La Véritable origine des très illustres maisons d'Alsace*, etc. Preuves, p. 97-110.

(2) Nommé duc de Haute-Lorraine en 1047, il fut tué par Godefroy le Barbu, en 1048, et remplacé par son neveu Gérard III, fils de Gérard II et de Gisèle. C'est Gérard III, devenu Gérard Ier, qui est généralement considéré comme le premier duc de Lorraine de la maison d'Alsace. En réalité il est le deuxième.

(3) Langenstein est le nom primitif du château de Pierre-Percée, à 5 kilomètres S.-E. de Badonviller.

Comme le château de Turquestein, situé à proximité de celui de Langenstein, était, au début du XIe siècle, en la possession de la maison d'Alsace, j'ai été amené à me demander si le nom *Adelbertus de Longuicastro*, donné à Adalbert nommé duc de Haute-Lorraine, en 1047, et assassiné en 1048, ne se rapporterait pas au château de Langenstein. Les auteurs n'étant pas tous d'accord sur l'origine d'Adalbert, j'ai dû tout d'abord étudier cette question.

Je ne mentionnerai que pour mémoire l'opinion de Louis de Chantereau Le Febvre (1), qui incline à voir, dans Adalbert, le fils d'Albert Ier de Namur. Cet auteur du XVIIe siècle, qui exprime le regret que les chroniqueurs contemporains n'aient pas désigné plus clairement le nouveau duc, n'aurait certainement pas admis cette origine s'il avait connu le passage de l'*Histoire des évêques de Verdun* (2), où Laurent de Liége appelle Adalbert : *nobilissimum Albertum de Longuicastro.*

Voici tout d'abord comment Wassebourg (3), au XVIe siècle, interprète les textes des ouvrages manuscrits et imprimés rapportés par lui et relatifs à ce duc de Haute-Lorraine :

... Toutesfois l'empereur ne voulut accorder la demande dudit Godefroy (le Breux) ains la refusa et bailla dès l'heure à un sien neveu, homme noble nommé *Albertus*

---

(1) *Considérations hist. sur la généal. de la Maison de Lorr.,* 1re partie des Mémoires, p. 154 et 155. Paris, 1642.

(2) G. WAITZ, *Mon. Germ., Hist. Scriptores.* T. X., p. 492.

(3) WASSEBOURG, *Antiquitez de la Gaule Belgique,* etc., Verdun, 1549.

d'Alsatie, autrement Adalbertus, qui estoit duc de *Longui-castro*, alias de *Long-Castre*, frère germain de Gerardus d'Alsatie, comte de Castinach, deuxième du nom. Ce que confirme Laurentius Leodien., vers l'addition qu'il a fait en l'histoire de Bertharius.

Et l'auteur de *La Véritable origine des très illustres maisons d'Alsace*, etc. (1) ajoute :

Ce sera donc ce Albert, mary de Jutte qui l'an 1048 fut tué par Godefroy le Bossu (*sic*) et qui le premier de la maison d'Alsace, porta le tiltre de duc de Lorraine.

En effet, Adalbert, nommé duc de Haute-Lorraine en 1047 et tué par Godefroy le Barbu en 1048, est bien le frère puîné de Gérard II, comte de Metz, mort en 1046, tous deux fils d'Adalbert Ier, comte de Metz, et de Judith, les fondateurs de l'abbaye de Bouzonville (2). Il était, non pas neveu, mais cousin du roi Henri III, le terme *nepos* dans les documents latins de l'époque étant d'ailleurs employé indifféremment pour l'un et l'autre de ces degrés de parenté. L'auteur de la *Véritable origine*, etc. (3), nomme son épouse Jutte, sans autre indication, et il leur attribue un fils, Gérard, mort sans postérité, et une fille, *Mathilde*, héritière de son frère, laquelle épousa Folmar et lui apporta le comté de Metz et Homberg.

En faisant suivre le nom d'Adalbert de celui de

____

(1) Preuves, p. 103.
(2) HERMAN-CONTRACT, *Ad an. 1048 :* SIGEBERT DE GEMBLOURS, *Et ad an. 1048. Grande Chronique de Flandres*, p. 110-111; A. WITTE, « Genealogische Untersuchungen zur Gesch. Lothr. ». *Jahrbuch,* 1893, 2e partie, p. 67-69. Gérard d'HANNONCELLES, *Metz ancien*, t. I.
(3) Tables généal., p. 3 et 4.

Longuicastro, Laurent de Liége a posé un problème
qui n'a pas encore reçu une solution satisfaisante.
M. Vandenkindere (1), s'appuyant sur le texte de cet
auteur, attribue à Adalbert la possession du comté
de Longwy, faisant ainsi de lui un héritier de Liétard
qui est appelé comte de Longwy, de Mercy et de
Cutry (*Letardus comes de Longui* (2), *de Marceis in
pago Waprensi in comitatu de Custerei predium
Bailodiwa*) (3). Cette maison s'éteignit vers 1040 par
la mort de Manegaud, fils dudit comte Liétard. Le
comté de Longwy, dit M. Vandenkindere, passa alors
à une branche collatérale qu'il suppose être celle
des comtes de Metz. Et cette supposition, remar-
quons-le, repose sur l'unique passage du texte de
Laurent de Liége désignant le nouveau duc de Haute-
Lorraine sous le nom d'*Adalbert de Longuicastro*.

Pour justifier son système, M. Vandenkindere est
obligé d'admettre tout d'abord l'opinion fort problé-
matique, émise sans preuve par Albéric, que la femme
de Conrad Ier, comte de Luxembourg, était Ermesinde,
comtesse de Longwy et de Castres, puis de considérer
celle-ci comme fille et héritière du duc Adalbert. Or,
deux chartes, datées l'une de l'an 1080, et l'autre de
1083, de même que l'épitaphe de Conrad Ier donnent
à ce dernier pour épouse Clémence, qu'un acte de
l'archevêque Meginard, de Trèves, dénomme plus

------

(1) *La Form. terr.*, etc., II, p. 357-362.
(2) ALBÉRIĆ, *Scriptores*, XXIII, 782. Mercy-le-Haut,
canton d'Audun-le-Roman, arr. de Briey ; Cutry, canton de
Longwy, arr. de Briey.
(3) *Ibid.*, III, 434. Baslieux, canton de Longwy, arr. de
Briey.

explicitement *Clémence de Gleiberg* (1). M. Vandenkindere est ainsi amené à une nouvelle hypothèse
d'après laquelle Conrad Ier se serait marié deux fois
et que d'une première épouse, Ermesinde, fille du duc
Adalbert, il n'aurait pas eu de fils, ce qui expliquerait que « le comté de Longwy revint à Mathilde,
l'une des filles de Conrad Ier, qui épousa le comte
Godefroy II de Castres et lui apporta le comté de
Longwy ».

On estimera que ce sont là beaucoup d'hypothèses
pour un terme dont l'interprétation est d'ailleurs
bien incertaine. Il est bon d'observer que la dénomination *Longuicastro* ne figure que dans l'histoire en
langue latine de Laurent de Liége; on peut dès lors
admettre qu'il s'agit de la latinisation d'un nom de
localité qui, suivant les règles étymologiques, devrait
se traduire par *Long* ou *Langcastre*, *Longchâtel* ou
Longchâteau, et non par *Longwy* dont l'étymologie
bien connue est *Longus vicus*. Nous venons d'ailleurs
de voir le chroniqueur Albéric employer à cette
époque les termes *Comes de Longui*.

Or, nous ne connaissons dans la région aucune
localité répondant à la dénomination *Longuicastro ;*
mais nous y trouvons le nom de *Langenstein* appliqué
à un château qui, au commencement du XIIe siècle,
est entre les mains d'Agnès de Montbéliard et de l'un
de ses fils, Conrad, comte de Langenstein. Laurent
de Liége a-t-il traduit ce nom de *Langenstein* par

---

(1) La puissance territoriale de la maison des comtes de
Gleiberg s'étendait sur les deux rives du Rhin.

Longuicastro? Ce n'est pas plus extraordinaire que d'y voir la latinisation de Longwy. L'historien roman, au lieu de traduire *stein* par *petra*, a pu remplacer ce suffixe par le terme *castro* qui donne mieux l'idée d'une résidence de puissant seigneur féodal. C'est d'autant plus admissible que ce nom de Langenstein, évidemment opposé aux tendances de plus en plus romanes de la maison d'Alsace, ne tardera pas à disparaître sous la dénomination de *Pierre-Percée*. Ce changement eut lieu entre l'année 1124, où nous rencontrons pour la première fois le comte Conrad de Langenstein, et le 6 janvier 1127 (v. st.), où le même seigneur est qualifié *comes de Petra-Perceia* (1).

En proposant enfin de traduire *Longuicastro* par *Langenstein* et non par Longwy, nous éviterons l'échafaudage bien fragile construit par M. Vanderkindere. De plus, et cette considération a sa valeur, nous sommes au château de Langenstein, au centre d'influence de la maison d'Alsace qui, au xie siècle, possédait sûrement le château de *Turquestein*, situé seulement à 16 kilomètres, à vol d'oiseau, du château de Langenstein.

Un passage de Wassebourg, que je n'ai découvert qu'après la rédaction de ce qui précède, est d'ailleurs absolument favorable à ma thèse. Le voici :

Cestuy Albert estoit duc de Longcastre deuxième, qui

---

(1) D. CALMET, IV, 1re col. CCLXXXV. Je me suis servi d'une première édition de Dom Calmet, dont les preuves ont été reliées en un 4e volume. C'est à cette édition, sauf avis contraire, que renvoient toutes mes notes.

est une duché situé en Alsace tirant vers Strasbourg assez près d'une comté appellé Castinach (1).

Si le titre de duc se justifie à l'égard d'Albert, nommé au gouvernement de la Haute-Lorraine, celui de duché attribué à Longcastre est évidemment impropre, même en l'appliquant à Langenstein, qualifié seulement de comté au siècle suivant. Mais il est remarquable que, d'après Wassebourg, ce duché ou comté de Longcastre est situé en Alsace, entre Strasbourg et le comté de Castinach, autrement dit Châtenois, un autre des domaines de la famille d'Alsace. N'est-ce pas là précisément la situation de Langenstein ou Pierre-Percée?

ABBAYE DE SENONES. — La fondation de l'abbaye de Senones, par saint Gondebert, est généralement fixée vers le milieu du viie siècle; le premier document qui en fait mention est un diplôme d'immunité du roi Childéric II, non daté, mais attribué à l'an 661. Il n'est malheureusement connu que par une copie insérée dans le cartulaire de Senones déposé aux Archives des Vosges. M. Thouvenot, qui a étudié cette question d'une manière très approfondie, déclare

---

(1) WASSEBOURG, *Antiquitez de la Gaule Belgique,* etc., livre III, p. CCXXXIII. Le terme *deuxième* s'explique par ce fait qu'Adalbert était le deuxième de ce nom, étant fils d'Adalbert et de Judith, les fondateurs de l'abbaye de Bouzonville. En situant le duché (*sic*) de Longcastre en Alsace, Wassebourg n'a fait qu'exprimer l'origine alsacienne d'Adalbert. Langenstein, au xie siècle, n'appartenait pas plus à la Lorraine qu'à l'Alsace, sa domination s'étendant sur les hautes vallées de la Plaine et de la Vezouse qui, à partir du xiiie siècle, tombèrent sous la suzeraineté de l'évêque de Metz.

qu'il convient de faire toutes réserves sur l'authenticité de ce diplôme, dont on n'a pu retrouver l'original; il estime qu'il est écrit dans un trop bon latin pour appartenir au VIIe siècle. Le texte se trouve, dans la suite, reproduit ou simplement cité dans les bulles et dans les confirmations servant de base aux privilèges reconnus à l'abbaye par les papes et les empereurs. M. Thouvenot arrive à cette conclusion que le diplôme a été fait de toutes pièces bien après 661, peut-être même quelques années seulement avant 949, pour permettre à l'abbaye d'obtenir d'Othon Ier le titre, qui porte cette date, toujours qualifié par elle de confirmation, tandis qu'il aurait été le premier acte authentique consacrant ses droits (1).

Le texte de la charte d'immunité ayant été donné par M. Thouvenot (2), je me contenterai d'y renvoyer le lecteur. Je rappellerai seulement que ce

---

(1) M. Thouvenot cite en note 2, p. 10, ce passage de M. Prost, au sujet de l'authenticité des chartes d'immunité : « Quant à la considération des grâces analogues antérieurement obtenues, elle est souvent justifiée par la présentation, est-il dit, des diplômes délivrés alors pour cet objet. Quelquefois ces diplômes, simplement rappelés, sont dits perdus, être tombés de vétusté ou bien avoir péri dans des accidents de guerre, dans des incendies, etc. D'autres fois, il est simplement fait mention de la libéralité des princes qui sont déclarés s'être signalés ainsi par leur haute bienveillance et par leur piété. Ce qu'on sait des pratiques habituelles du Moyen Age, en pareille matière, permet de penser que les diplômes antérieurs, quand on les montrait, n'étaient pas toujours très authentiques et que ceux qu'on se bornait à citer étaient, dans bien des cas, purement imaginaires. » Aug. Prost, *L'Immunité. Étude sur l'origine et le développement de cette institution*, p. 19. Paris, 1882.

(2) *L'Avouerie de l'Abb. de Senones et la princip. de Salm*, p. 11-30.

diplôme de Childéric II, acte très ordinaire de l'administration mérovingienne (1), fixe les limites du territoire auquel s'appliquait l'immunité; mais il serait inutile, dit l'auteur précité, de rechercher sur les cartes les noms de lieux cités. Il faut recourir, pour en découvrir le sens, à une charte, datée du 22 décembre 1328, où figurent les limites du ban de l'abbaye de Senones, d'après un titre publié « à une époque plus reculée », par conséquent antérieur au XIVe siècle. M. Jouve (2), qui a étudié la question d'une manière approfondie, a trouvé, au moyen des lieuxdits, que le ban de Senones avait, dès 661, des limites sensiblement analogues à celles de la principauté de Salm en 1793. Seule la frontière du nord-ouest différait : au lieu d'être la *Plaine*, c'était une ligne longeant le ruisseau de Ravines et gagnant le *Donon* par la ligne de partage des eaux du *Rabodeau* et de la *Plaine* (3).

L'immunité, accordée à Gondebert pour le monastère construit par lui (*quod a novo ædificavit*), devait s'appliquer tant aux possessions présentes que futures : *in presente possidere vel poterit adquirere*, et il devait en jouir en toute liberté et dans toute leur intégrité, *liberrima sibi illibataque permaneant*.

M. Thouvenot s'est demandé s'il fallait conclure

---

(1) Fustel de Coulanges, *Hist. des Inst. pol. de l'anc France. Les Origines du syst. féodal*, t. V, p. 345, Paris, 1890.

(2) L. Jouve, *Étude géogr. sur le ban et les possessions de Senones jusqu'au milieu du XIIIe siècle*, p. 130 et suiv. Voir aussi sur la même question, A. Fournier, *Topogr. anc. du dép. des Vosges*, II, p. 73 et suiv.

(3) M. Thouvenot, *ibid.*, p. 21

de ces termes *liberrima illibataque* que l'abbaye de
Senones était une abbaye libre et pouvait être classée
parmi les monastères de cette sorte qui, d'après
Dom Calmet, dépendaient immédiatement du Saint-
Siège (1). Il admet cependant qu'elle était abbaye
royale avant la donation de Charlemagne à l'évêque
de Metz, vers 770 (2). Le texte même du diplôme
d'immunité, analogue à celui de tous les documents
de l'espèce émanant des rois mérovingiens, ne laisse
aucun doute à cet égard.

Childéric II fait défense de soumettre le monastère
à une juridiction extérieure : *ut nullus penitus judi-
cium, præsumptione sua vel cujuslibet hominis licentia,
præfatum monasterium absque voluntate ipsorum ser-
vorum Dei, in alterius hominis jus vel dominium
audeat vertere, vel sibimet usurpare.* Il l'affranchit
de la juridiction des tribunaux ordinaires et interdit
l'accès du territoire de l'immunité à tout juge public
pour y tenir des plaids : *nulla unquam judiciaria
potestas, in præsens, nec succidua, ad causas audien-
dum aut aliquid exigendum præsumat ingredi, sed
sub immunitatis privilegio.*

Enfin, le roi fait remise et abandon au monastère
de tout ce que le fisc avait coutume ou pouvait es-
pérer de lever sur leurs hommes, serviteurs et habitants ruraux ou de quelque part que ce soit : *hoc
ipsum monasterium vel congregatio sua sibimet et
extra omnes fiscos debeant possidere, et quidquid inde
fiscus noster forsitan, aut ex eorum hominibus, aut ex*

____

(1) M. THOUVENOT, *ibid.,* p. 20.
(2) *Ibid.,* p. 21.

illorum servitoribus, vel in eorum agris manentibus,
vel undecumque poterat sperare, aut solebat suscipere,
ex indulgentia nostra, penitus ipsi sancto loco ad sti-
pendia Deo ibidem servientium remittimus et in Dei
nomine concedimus.

La concession de cette immunité, faite en faveur de l'abbé, ne dispensait les hommes du domaine de l'abbaye ni d'être jugés, ni de payer des impôts, ni de servir comme soldats; toutes les charges de la population subsistaient. Le seul changement est que le droit de justice, la perception des impôts, la levée des soldats, au lieu d'appartenir aux agents du roi, appartenaient au propriétaire; autrement dit, ce que les classes inférieures avaient d'obligations envers l'agent royal était transporté au propriétaire, qui était l'abbé. Dès lors, l'abbé avait ses *judices,* qu'il choisissait lui-même et à qui il déléguait son autorité judiciaire. Il eut désormais son *judex privatus,* qui remplaça le *judex publicus.* Au fonctionnaire du roi se substitua le fonctionnaire ou l'agent de l'abbé. Celui-ci était devenu ainsi un maître absolu sur ses domaines. Vis-à-vis des hommes libres ou serfs « qui sont manants sur ses terres », il n'est plus seulement un propriétaire, il est le seul chef et le seul juge, comme le seul protecteur. Il est vrai qu'à l'égard du roi, il restait un sujet ou plus exactement un fidèle (1).

Voilà la situation de l'abbé jusque vers 775, époque de la donation de Charlemagne, qui fit de l'abbaye de Senones une annexe du temporel de l'évêché de Metz.

____

(1) Aug. PROST, *L'Immunité.* Paris, 1882; FUSTEL DE COULANGES, *ibid.,* p. 336-425.

Sous le nouveau régime, le privilège d'immunité subsista; toutefois, le véritable propriétaire, le **maître absolu**, n'est plus l'abbé de Senones, mais l'évêque de Metz. L'abbé devint le feudataire qui, à chaque changement de titulaire, recevait la partie des domaines de l'abbaye situés en pays messin et confiée à son administration, comme un fief pour lequel il devait foi et hommage à l'évêque suzerain. Cette donation entraîna donc un changement profond dans la situation du monastère qui, d'abbaye royale jouissant de l'immunité, devint abbaye épiscopale. Aussi voyons-nous Richer se faire l'écho des regrets et des résistances manifestés par les moines, tout en avouant que la privation de ce qu'ils considéraient comme un honneur n'allait pas sans quelques avantages matériels très appréciables. Voici comment s'exprime l'auteur de la chronique de Senones :

Les moines, fort dépités d'être privés d'un tel honneur, ou fardeau pour mieux dire, ne considéraient point que les autres églises voisines étaient journellement foulées, notamment par l'obligation de fournir à l'empire des hommes d'armes à leurs frais, ou accablées d'autres charges plus ruineuses encore de la part des ennemis qui les ravageaient, sans que les empereurs, souvent éloignés, fussent en état de les secourir; car, si les monastères de ces quartiers étaient demeurés royaux, il n'y serait pas resté pierre sur pierre, par suite de la difficulté d'aller demander le secours des empereurs, qui ne pouvaient par eux-mêmes défendre leurs vassaux; les évêques, au contraire, étant plus à portée, pouvaient, en moins de deux ou trois jours, recevoir les plaintes des religieux et porter remède à leurs maux (1).

____

(1) Richer, l. II, ch. 1. M. G. H. ss. XXV, p. 270.

Avouerie de l'abbaye de Senones. — L'inconvénient le plus grave peut-être de ce nouveau régime, ce fut l'institution du voué désormais relevant directement de l'évêque de Metz.

L'*advocatus*, ou voué comme on l'appela plus tard, n'apparaît, sous les Mérovingiens, que comme le représentant en justice de l'évêque ou de l'abbé dans une affaire déterminée. La législation carolingienne élargit considérablement son rôle. Le voué est alors considéré surtout comme l'officier de l'immunité ecclésiastique. Il conserva sans doute son caractère de représentant judiciaire de l'évêque ou de l'abbé; mais il y joindra d'autres qualités, notamment il exercera la police sur le territoire dont l'accès est interdit au juge public, et même les droits de juridiction. Ces droits appartenaient exclusivement au propriétaire du domaine; aussi, dans l'exercice de la justice au dedans de l'immunité, le voué n'est-il que le représentant de l'évêque ou de l'abbé immuniste.

Plus tard, à l'époque féodale, le besoin de protection, qui se faisait partout sentir, fit dévier l'institution de l'avouerie mérovingienne et carolingienne. La mission du voué consiste surtout à assurer une protection efficace à l'établissement ecclésiastique. Aussi choisit-on alors de préférence des personnages influents et l'on vit des ducs, des comtes et des seigneurs puissants devenir les voués des évêchés ou des abbayes.

A cette fonction essentielle de protecteur du monastère, le voué joint parfois quelques autres attributions, seules survivances des fonctions remplies jadis par l'avoué carolingien. Il rend la justice, dans certains cas soigneusement déterminés à l'avance par les chartes. Il exerce la police sur le territoire monastique, mais seulement, semble-t-il, lorsqu'il s'agit de police générale. Mais ces deux fonctions, qui embrassaient à peu près toute l'activité de l'avoué carolingien, ne sont plus considérées par le voué féodal que comme lui fournissant des droits à la perception d'amendes et de revenus élevés. Le voué est en outre chargé de l'exécution des sentences entraînant effusion du sang (1).

Ainsi, rendre la justice, ou plutôt y présider, est devenu pour le voué le moyen d'arriver à la perception des droits, et il ne cherchera même plus à exercer effectivement la juridiction, dès que ces droits lui seront en tout cas assurés (2).

Dès le xie siècle, les voués deviennent les pires ennemis des monastères qu'ils étaient chargés de défendre. Leur principale tentative consista à étendre abusivement les droits mêmes qui leur étaient reconnus. D'élective et révocable qu'était leur charge, les voués la rendirent irrévocable et héréditaire, en procédant, à l'instar des fonctionnaires royaux, à un empiétement constant malgré la résistance des abbés et des moines (3). Dès le xiie siècle, l'hérédité de

------

(1) Félix SENN, *L'Institution des avoueries ecclésiastiques en France.* Paris, 1903, p. 93. Cet ouvrage, auquel j'ai emprunté différents passages, est l'un des meilleurs qui aient paru sur la question.

(2) BONVALOT, *Hist. du droit et des inst. de la Lorraine,* p. 378.

(3) *Ibid.,* p. 140.

l'avouerie est, sauf de rares exceptions, presque partout reconnue.

L'auteur des *Gesta Senoniensis ecclesiæ* fait remonter l'institution d'un *advocatus* à l'époque de la donation de l'abbaye de Senones à l'évêque Angelram. Mais il est probable que des *advocati*, dont les noms ne nous sont point parvenus, ont été investis de cette fonction plus anciennement, soit par les rois mérovingiens eux-mêmes, soit par les abbés placés à la tête de l'abbaye alors royale.

La transformation de l'abbaye royale de Senones en abbaye épiscopale résulte du célèbre *præceptum* de Charlemagne, daté de l'an 775 (1), obtenu par Angelram, évêque de Metz et chancelier du roi, lequel, vers 768, l'avait nommé abbé de ce monastère. Un diplôme rendu le 8 décembre 825 par Louis le Pieux et Lothaire Ier, en faveur de l'abbé Ricbodon, dit formellement que le monastère de Senones dépendait de l'évêché de Metz. M. R. Parisot (2), qui a fait connaître ce diplôme, dit qu'il est possible que le passage où cette dépendance est affirmée soit une interpolation postérieure; il se base, pour émettre cette idée, sur le fait que Senones figure, dans le traité de Meersen (870), parmi les abbayes attribuées à Charles le Chauve, ce qui semble indiquer, ajoute-t-il, qu'à ce moment elle n'était plus soumise à l'évêque de Metz. En admettant que seules les abbayes royales

____

(1) V. Chatelain, « Le Comté de Metz et la vouerie épisc. du VIIe au XIIIe siècle ». *Jahrbuch,* ann. 1898, p. 34.

(2) R. Parisot, *Le Royaume de Lorraine sous les Carolingiens,* p. 708.

soient mentionnées dans le traité de partage, on peut supposer aussi que l'abbaye épiscopale de Senones y figure soit pour un motif ignoré, soit par erreur. Autrement, il faudrait admettre une nouvelle donation royale, puisque l'incorporation de l'abbaye de Senones dans le temporel de l'évêché de Metz est un fait indéniable dès le début du xie siècle.

Les premiers renseignements sur les voués de l'abbaye de Senones nous sont fournis par le moine Richer, qui s'exprime ainsi :

Angelram, trop absorbé par ses grands travaux, ne pouvant défendre lui-même le monastère, le pourvut d'un *advocatus*. Cet *advocatus*, dont l'institution appartient à l'évêque de Metz, recevait le tiers des amendes adjugées aux plaids où il serait appelé par l'abbé, et ne devait exiger davantage. Il fut conféré, audit *advocatus*, une partie de la terre, vulgairement appelée *apud Abaium*, encore possédée de son temps, dit Richer, par les héritiers de Salm. Et, ajoute-t-il, l'*advocatus* devait se contenter de cette terre, sans prétendre aucun droit sur les hommes, les terres, ban, eaux, forêts, plaids, justices et dépendances du monastère (1).

Il s'agit évidemment ici de ce que l'on appelle un *fief d'avouerie* constitué en faveur du voué en récompense de ses services.

Il n'est pas trace, dit M. F. Senn, que l'avouerie ait jamais été gratuite. L'*advocatus* carolingien recevait probablement certaines terres de l'immunité ecclésiastique, soit en propriété, soit bien plutôt en précaire.

---

(1) Richer, l. II, ch. 5, M. G. H. ss. XXV, p. 271.

On rencontre même, dans les sources carolingiennes (1), le mot *beneficium* qui, dans un sens restreint, s'appliquant sans doute à notre hypothèse, désigne, sous les Carolingiens, une terre concédée gratuitement et à titre viager. Dans les chartes de l'époque féodale, le terme *beneficium*, bientôt supplanté par celui de *feudum*, se trouve pour désigner la terre concédée par le monastère à l'avoué en rémunération de ses services (2).

Comme tout fief, le fief d'avouerie fut, à l'origine, dans sa forme première, une tenure strictement attachée à la personne de l'avoué, c'est-à-dire viagère et inaliénable. Mais, comme tous les autres fiefs dans les temps postérieurs, le fief d'avouerie devint promptement héréditaire et librement aliénable (3).

En attribuant la possession de ce fief d'avouerie aux héritiers de Salm, Richer donne une première preuve de son hostilité à l'égard de la maison de Salm. Il n'ignorait pas que la vouerie de Senones, au XIe siècle, était entre les mains des seigneurs de Turquestein, de la maison d'Alsace, et que les comtes de Salm n'étaient investis de cette charge que depuis le début du XIIe siècle. Ils ne pouvaient donc pas avoir reçu de l'évêque Angelram, ou de ses successeurs, la terre *apud Abaium.*

---

(1) Capitulaire de 809. Diplôme de Charles le Chauve de 876. Cf. F. SENN, *L'Instit. des avoueries eccl.*, p. 40-41.

(2) *Ibid.*, p. 132-133.

(3) *Ibid.*, p. 134-135.

Devant l'impossibilité d'en attribuer la possession aux comtes de Salm, l'auteur de la chronique de Senones voit dans les possesseurs contemporains tout simplement des héritiers : « Si ce n'est toi, c'est donc quelqu'un des tiens. »

Dom Calmet a émis l'idée que la dénomination *Abaium* pourrait s'appliquer à Bayon. Ce n'était, de sa part, qu'une hypothèse, que les auteurs postérieurs et, en dernier lieu, M. Thouvenot, ont eu tort d'admettre, sans hésitation, comme un fait démontré. La seigneurie de Bayon, du temps de Richer, paraît avoir été en possession de Henri le Lombard, un des fils de Ferry de Bitche, père du duc de Lorraine Ferry II. S'il en était réellement ainsi, l'hypothèse de Dom Calmet trouverait un appui dans ce fait que les ducs de Lorraine auront hérité cette seigneurie de leur ancêtre Gérard Ier, dit d'Alsace, qui lui-même était l'héritier des seigneurs de Turquestein, premiers voués de l'abbaye de Senones.

Il ressortirait de cette constatation que, si un fief d'avouerie dénommé *apud Abaium* a été constitué dans le principe en faveur du voué de l'abbaye de Senones, ce n'est pas la maison de Salm qui en a profité. Richer lui-même aura peut-être fini par s'en apercevoir, car plus tard, dans un autre chapitre, il fait état d'un autre grief qui ne paraît pas mieux fondé. Il prétend que l'abbaye de Senones donna au voué de la maison de Salm le haut château de Deneuvre, avec les familles de serfs et les maisons et dépendances, qui furent distraits de la mense des religieux de Senones et cédés au seigneur avoué afin qu'il n'étendît ses mains à autres choses (1). Cette fois, c'est Dom Calmet lui-même qui déclare :

Cela ne me paraît pas fort probable, surtout pour le château de Deneuvre, qui a toujours dépendu de l'évêque de Metz. Il est certain, ajoute-t-il, que les anciens titres de l'abbaye parlent toujours du fixe accordé à l'avoué pour son honoraire, mais ils ne spécifient pas quel il était (2).

Influencé par ces diverses affirmations de Richer, M. Thouvenot en est venu jusqu'à imputer aux comtes de Salm de s'être attribué, au détriment de l'abbaye de Senones, leur propre alleu de Pierre-Percée. Dom Calmet, invoqué dans la circonstance, était trop au courant des anciens droits de son abbaye, pour avoir jamais émis pareille idée (3).

Comment les difficultés, les contestations, les conflits auraient-ils pu être évités en présence d'une situation aussi compliquée que celle résultant de l'administration d'un grand domaine par un abbé vassal du temporel de l'évêché de Metz et un voué héréditaire représentant direct de l'évêque suzerain et du roi ?

La thèse de M. Thouvenot est loin d'avoir éclairci cette question. En déclarant d'abord que les premiers voués de Senones ont été nommés par les évêques de Metz (4), il ne tient pas compte de la première pé-

----

(1) RICHER, l. IV, ch. 28. M. G. H. ss. XXV, p. 316.
(2) D. CALMET, *Hist. de l'abb. de Senones,* édit. Dinago, p. 40. Le château de Deneuvre et dépendances étaient du patrimoine de l'évêque de Metz, Étienne, de la famille de Montbéliard-Mousson-Bar, héritière du duc Frédéric II de Haute-Lorraine.
(3) M. THOUVENOT, *ibid.,* p. 42.
(4) *Ibid.,* p. 35.

riode, celle où le monastère était abbaye royale et où la nomination du voué appartenait au roi ou à l'abbé.

Après cette première inexactitude, l'auteur émet l'idée singulière qu'Angelram pourrait être considéré comme ayant été le premier avoué de l'abbaye : Charlemagne, dit-il, voyant le monastère de Senones sans défense, aurait songé à lui trouver un protecteur, et il aurait choisi le puissant évêque de Metz, dont la situation ecclésiastique lui permettait en même temps d'en être l'abbé. Et ce ne serait que lorsque de nouvelles fonctions éloignèrent Angelram des Vosges qu'il se serait vu dans l'obligation de trouver un seigneur assez fort pour défendre les intérêts de son ancienne abbaye. De ces prémisses, M. Thouvenot tire ensuite cette conclusion, qu'il ne peut voir dans le voué

Qu'un officier de l'abbaye, chargé de fonctions spéciales, et n'ayant aucune suprématie et aucune influence sur les autres officiers de l'abbé. Il n'est pas un rouage du pouvoir central, il est particulièrement chargé de rendre la justice sur le territoire de l'immunité au nom de l'abbé (1).

Ce n'est pas seulement le voué dont le rôle est rabaissé à celui de simple officier de l'abbaye, sans autorité, mais celui de l'évêque de Metz lui-même est singulièrement amoindri, puisqu'il lui

Semble n'avoir conservé que le droit de nomination des avoués et que les abbés ne lui devaient que les foi et hommage comme à tout seigneur suzerain.

____

(1) M. Thouvenot, *ibid.*, p. 36.

On est surpris, après cela, de trouver cette constatation :

Cependant, ils (les évêques de Metz) continuaient à s'intéresser aux destinées de l'abbaye (1).

M. Thouvenot a été évidemment influencé par le plaidoyer de Richer s'efforçant de contester les droits du voué, de réduire ceux de l'évêque de Metz à une autorité purement nominale et, par contre, d'exagérer les attributions de l'abbé. Ces tendances se manifestent clairement dans les passages suivants de la chronique de Senones :

Quiconque est abbé de ce lieu de Senones a puissance et autorité d'établir des fermiers, doyens, forestiers, échevins, et tous ces officiers, tant dudit monastère que des églises de Saint-Maurice, de Saint-Jean-de-Palme, de Vipodicelle, il les peut instituer et destituer sans y appeler l'*advocatus*.

Les autorités, tant spirituelles que temporelles, invoquées dans cet autre passage, relèguent au dernier plan le véritable maître ou seigneur temporel de l'abbaye qu'est l'évêque de Metz :

... Lesquels privilèges et autorités ont été accordés par les apôtres, empereurs, évêques, ducs, comtes et autres grands et puissants seigneurs, qui ont mis la main à fonder et doter ce monastère. De façon que ceux qui se trouvent avoir enfreint ces privilèges, ont été jugés dignes de punition divine, excommuniés par l'archevêque et déclarés tels par quatre évêques apostoliques.

---

(1) M. Thouvenot, *ibid.*, p. 37.

Richer se garde bien de faire remarquer que ces privilèges accordés par le roi Childéric II, c'est l'évêque de Metz qui en est bénéficiaire en sa qualité de seigneur suzerain de l'abbaye, non plus royale, mais épiscopale. Il avoue cependant, incidemment, que l'abbé de Senones a perdu la jouissance de ces privilèges par la faute d'un abbé qui sans doute n'avait pas voulu revendiquer pour lui des droits qui, en réalité, appartenaient à l'évêché de Metz :

... Laquelle église (de Senones) a joui de tels privilèges jusqu'au temps où fut abbé un certain Adelard (1), aussi peu docte que prudent et discret, mais plutôt dissipateur du bien de l'abbaye (2).

Ainsi Richer revendique, pour l'abbé seul, le bénéfice du privilège d'immunité, sans tenir compte de ce fait capital qu'après la donation de Charlemagne c'est l'évêque et non plus l'abbé qui en était investi et pouvait le faire valoir sur la partie du territoire de l'abbaye relevant du temporel de l'évêché de Metz.

Pour les domaines de l'abbaye situés en dehors de ce territoire, c'est l'abbé et les religieux qui nommaient les voués et c'est ainsi que, en 1105, apparaît, comme voué de Senones, Gobert de Tincry, très probablement préposé à la défense d'un domaine extérieur de l'abbaye.

Pour rémunération de ses services, le voué de

____

(1) Adelard est compté par Richer comme le 14e abbé de Senones. Il conjecture qu'il a vécu vers 835 ou 840.
(2) RICHER, l. II, ch. 5. *M. G. H.* ss XXV, p. 272.

l'abbaye de Senones n'aurait eu droit, si l'on en croyait Richer, qu'au tiers des amendes adjugées dans les plaids où il serait appelé par l'abbé, et il devait, ajoute-t-il, se contenter de la terre *apud Abaium*, conférée à l'*advocatus* primitif et dont les voués des XIIe et XIIIe siècles n'ont jamais été en possession. Ceux-ci, dans ces conditions, auraient donc été réduits à exercer leur charge d'une manière à peu près gratuite! Or, nous savons que les émoluments des voués d'abbayes de nos régions étaient généralement fixés comme suit : le tiers de toutes les amendes imposées dans le ressort de la vouerie, une redevance annuelle sur toutes les manses, des droits de gîte chez les sujets et d'aubaine sur les étrangers (1).

Quelques documents relatifs à l'abbaye de Senones nous permettent heureusement de nous faire une idée, plus vraisemblable que celle émise systématiquement par Richer, sur les droits attribués au voué de cette abbaye au XIIe siècle.

C'est ainsi qu'un acte de l'an 1123, portant confirmation des biens de l'abbaye de Senones par le pape Calixte II, rappelle que l'*advocatus* établi par l'évêque de Metz doit se contenter du bénéfice dont il jouit; il ne lui est pas permis d'extorquer aux ruraux du monastère ce qui n'était pas dû; l'abbé est invité à ne pas surcharger le monastère lui-même, ou ses ruraux, de droits de gîte et, à cet effet, à ne pas mul-

---

(1) V. Chatelain, *Le comté de Metz et la vouerie épiscopale du septième au treizième siècle, Jahrbuch,* 1898, p. 95.

tiplier les plaids et les vacations judiciaires (1). A côté du bénéfice, dont il jouit comme vassal de l'évêque, le voué possédait donc aussi le droit de gîte.

Cette bulle du pape Calixte II est suivie, deux ans après, en 1125, d'une charte par laquelle l'évêque Étienne, de Metz, à la demande de l'abbé Antoine, décharge le monastère de certains services ou certaines redevances et reconnaît que ce n'est pas l'abbaye, mais le ban de Senones pour les deux tiers et les bans de Vipucelle et de Plaine, pour l'autre tiers, qui avaient la charge de ces servitudes (2).

Un fait se dégage de ces différentes constatations : c'est la distinction établie par l'évêque suzerain entre le monastère proprement dit et les bans des localités formant avec lui l'ensemble de l'abbaye de Senones. Le monastère, dans un circuit déterminé, avec ses officiers, ses ouvriers et ses ruraux, aura joui d'une certaine immunité ou exemption, alors que le reste du territoire formait le *beneficium* constitué par l'évêque au profit du voué. C'est dans ce sens qu'il faut, croyons-nous, interpréter la lettre d'Adalbéron II, datée de l'an 1000, et déclarant que les évêques, ses prédécesseurs, avaient autrefois distrait de la prébende des religieux la plus grande partie des biens de l'abbaye : ...*considerans majorem illius*

---

(1) Archives des Vosges, cartul. de Senones, p. 21. Cf. Thouvenot, p. 40.

(2) *Ibid.*, p. 28. Cette franchise de l'Abbaye était de nouveau reconnue, en 1210, par Bertrand, évêque de Metz, Arch. des Vosges. Cartul. Senones, p. 65.

abbatiæ portionem a decessoribus suis co-episcopis olim a præbenda fratrum obscissam... (1).

De même, on ne s'expliquerait pas ce passage important de la chronique de Richer, où celui-ci déclare que, sur l'ordre du seigneur de Salm (2), son bailli Renaud se présenta au monastère de Senones où, ayant fait assembler tous les religieux, il leur dit :

Monseigneur m'a envoyé pour vous faire connaître que, si vous le désirez, il vous prendra sous sa protection contre tous autres, et il vous invite à donner là-dessus votre avis.

Le chroniqueur ajoute que les religieux entrèrent en chapitre et délibération; qu'en l'absence de l'abbé, ils ne purent se mettre d'accord; qu'ils rejetèrent la proposition et, suivant l'expression même de Richer, ils refusèrent ainsi leur bonheur, comme la suite le leur a suffisamment prouvé (3).

Il est bien évident que, si le monastère avait fait partie du fief d'avouerie, le comte de Salm n'aurait pas eu besoin de demander le consentement des religieux pour étendre son droit de voué protecteur sur le couvent.

Dans un autre passage de sa chronique, Richer rappelle un accord intervenu, entre l'abbé Baudouin

---

(1) Arch. des Vosges. Cartul. de Senones, p. 6. Cf. Thouvenot, p. 37.

(2) Richer, l. V, ch. 10. Le chroniqueur ne donne presque jamais aux comtes de Salm le titre de comte, qui pourtant leur était régulièrement dû.

(3) Richer, l. V, ch. 10, *M. G. H.* ss XXV, p. 336.

et Frédéric de Salm, d'où il ressort que l'église de Senones devait avoir :

Deux charpentiers, un cuisinier, un acranteur (1), un lavandier, un cordonnier, deux pêcheurs.

Ce sont les huit *bons-hommes*, affranchis de la juridiction du voué, et dont il est souvent question par la suite.

Richer blâme fort cette transaction destinée à fixer les droits du monastère. Il déclare qu'elle a été faite hors sa présence et qu'il n'aurait voulu y assister. Il est étonnant, ajoute-t-il, que l'abbé et le couvent n'aient pas réfléchi que l'église de Senones appartenait à l'évêché de Metz, que l'abbé était feudataire du temporel de cet évêché, et qu'il n'aurait pas dû conclure cet accord sans l'intervention de l'évêque (2). Ce blâme, à l'adresse de l'abbé Baudouin, pourrait se justifier s'il s'était agi d'autre chose que d'une tran-

---

(1) L'accranteur était le greffier, le notaire, le garde-notes (D. CALMET, édit. Dinago, p. 133).

(2) .... *Litteras super hoc conscripserunt continentes quod ecclesia senoniensis duos carpentarios haberet, unum coquum, adcrantatorem unum, lavandarium unum, sutorem unum, piscatores duos, caeteri vero omnes in valle senoniensi ei pro voluntate servirent. Et ita abbas et conventus pusillanimes et effeminati tam citi victi, voluntati advocati se miserabiliter subdederunt. Ego vero non eram praesens nec vellem adhuc interfuisse. Mirum, quod in tali actu non consideraverunt abbas et conventus, quod ecclesia senoniensis episcopi esset metensis cum appenditiis suis et quicumque sit abbas senoniensis ab ipso episcopo temporalia recipere tenetur, et ob hommagium illi facit ergo non licuit eis tam miserrimam transactionem de feudo episcopi sine ipso episcopo facere.* RICHER, l. IV, c. 31. *M. G. H.,* p. 318.

saction entre deux feudataires du même suzerain.
Or, il ne s'agissait, en somme, que de terminer une contestation, par la fixation ou la reconnaissance de
droits antérieurs.

J'estime donc qu'au XIIe et au XIIIe siècle, la juridiction du voué, représentant et feudataire de l'évêque de Metz, s'étendait seulement sur le territoire
de l'abbaye situé en dehors des limites d'une portion
centrale englobant les édifices du monastère avec ses
religieux, ses officiers et ses huit *bons-hommes* soumis à l'autorité directe de l'abbé, autre feudataire du
temporel de l'évêché de Metz.

CHAPITRE II

Herman Ier. — Herman II. — Henri Ier.

Herman Ier (1). — Herman Ier, fils puîné de Gislebert et frère de Conrad Ier, l'aîné, tous deux comtes de Luxembourg, était petit-neveu de l'évêque Thierry II et neveu d'Adalbéron, qui occupèrent le siège épiscopal de Metz, sans interruption, pendant soixante-sept ans, de 1005 à 1072.

Sous ces deux prélats, Metz était devenu comme le centre d'action de la maison de Luxembourg; aussi, quand l'empereur Henri II, en lutte contre ses beaux-frères, eut dépouillé temporairement Henri, l'aîné, de son duché de Bavière, celui-ci s'établit à

---

(1) Avant lui, nous trouvons mentionné *Arnulphe de Salm,* qui figure comme témoin dans les actes ci-après :

10 novembre 1036. — Donation faite au couvent de Saint-Euchaire, par le prévôt Adalbéron de Saint-Paulin, près de Trèves, seigneur de Roussy, Sierck, Sarrebourg et Berncastel; donation qui eut lieu dans la cathédrale de Trèves, en présence de l'archevêque Poppon et de Thierry II, évêque de Metz, du duc Godefroy, des comtes Gérard, Arnolf, Barthoff, Frédéric..., ainsi que des deux *Arnolf de Salmena* et Nagalbach.

1052. — Accord entre Eberhard, archevêque de Trèves, et le comte Waleran d'Arlon. Premier témoin laïc : *Arnolf,* v. *Salmena.*

1052. — Donation d'Eberhard, de Trèves, à Saint-Siméon. Témoin : *Arnolf v. Salmena.*

1052. — Autre donation du même. Témoin, comte *Arnolf.* Goerz, *Mittelrheinische Reg. Coblence,* 1876, p. 358-385.

Metz, aux côtés de son frère Thierry et de son beau-frère Gérard Ier d'Alsace, devenu comte épiscopal de Metz. Il n'est donc pas étonnant de trouver Herman Ier fixé dès son jeune âge à Metz, au point que les auteurs contemporains le considéraient comme Messin de naissance (1). C'est, selon toute vraisemblance, son oncle Adalbéron III, qui dirigea son éducation; il ne pouvait avoir de meilleur guide, car, selon Sigebert de Gembloux (2), Adalbéron était un prélat d'une grande sagesse et d'une rare piété. Il avait étudié avec son cousin Brunon, qui fut évêque de Toul, puis pape sous le nom de Léon IX.

Herman Ier occupa sûrement un rang élevé à la cour épiscopale de Metz, car sous le successeur d'Adalbéron III, il est qualifié *miles* de l'évêque Hériman, expression qui, à l'égal de celles de *fidelis noster, homo noster, comes civitatis nostræ*, servait à désigner, à cette époque, les comtes de Metz, devenus feudataires de l'évêque (1). Après la mort de Rodolphe de Souabe, mortellement blessé dans la bataille sur la Grune, affluent de l'Elster, le 15 octobre 1080, les princes, restés fidèles au pape Grégoire VII, se réunirent à Ochsenfurth, situé à quelques lieues au-dessus de la ville épiscopale de Wurtzbourg, sur le Main. Sur les instigations de Hériman, évêque de Metz, l'un des plus zélés partisans de Grégoire VII et son

______

(1) Berthold de Constance. Ad an. 1086 et 1088.

(2) Sigebert de Gembl. — *Chron.* Ad an. 1046.

(3) CHATELAIN, *Le Comté de Metz et la vouerie épiscopale du huitième au treizième siècle.* Jahrbuch de la Soc. de Metz, 1901, p. 248. Sigebert. Chron. an. 1082. *M. G. H,* ss. VI, 364.

représentant en Lorraine, l'assemblée élut roi Hcrman de Luxembourg, comte de Salm. C'était, suivant le témoignage d'auteurs contemporains, l'un des seigneurs les plus riches et les plus influents de la noblesse lorraine, renommé par sa valeur militaire et distingué par sa sagesse, sa modération et sa grande bravoure (1). Cette première élection fut confirmée, peu après, par une assemblée spéciale de Saxons, réunis à Eisleben. Le nouveau roi fut reçu avec enthousiasme par la noblesse saxonne, à Goslar, quelques jours avant Noël 1081. Le 26 décembre, fête de saint Étienne (patron de l'église de Metz), Herman, avec l'approbation des princes de l'Empire, fut sacré roi et reçut la couronne de la main de l'archevêque Sigefroy, de Mayence (2).

Le 3 août 1082, nous trouvons le nouveau roi entouré d'un grand nombre de princes dans le palais royal de Goslar. On y décida l'organisation d'une expédition militaire en Italie pour délivrer le pape Grégoire VII, aux prises avec les troupes du roi Henri IV. Laissant, comme son représentant en Saxe, le comte Otton de Nordheim, le roi Herman se rendit en Souabe où, pour la fête de Noël, il se trouva au milieu des princes de l'Empire. Mais la nouvelle de la mort d'Otton, reçue dans le courant de janvier

----

(1) « *Iste Hermannus natus fuit de Lotharingia, vir sapientia, modestia, genere fortitudineque insignis.* » *Annal. s. Disibodi,* an. 1082. *SS.* XVII, 8.

(2) G. MEYER V. KNONAU, *Jahrbücher des deutschen Reiches unter Heinrich IV und Heinrich V*, 1900, III, p. 417-418, 426, 580.

1083, l'obligea à retourner en Saxe où, dès lors, il semble avoir séjourné de préférence (1).

Henri IV, couronné empereur par l'antipape Guibert, revint d'Italie, après une absence de plus de trois ans, vers le milieu de l'année 1084. Dès lors, la lutte s'engagea en Allemagne entre les partisans de l'empereur et du roi élu, qui se classaient en même temps comme adhérents du pape Grégoire VII ou de l'antipape Guibert.

Le roi Herman passa les fêtes de Pâques de 1085 à Quedlinbourg (Saxe) où fut tenu un synode, en présence du légat de Grégoire VII, Otton d'Ostie. Celui-ci souleva la question de séparation entre le roi Herman et son épouse pour cause de consanguinité, question restée sans solution. A la fin du synode, on publia l'anathème contre l'antipape Guibert et contre les évêques ses partisans (2). Un autre synode, tenu à Mayence, d'avril à mai 1085, par les partisans de l'empereur Henri IV, renouvela la déposition du pape Grégoire VII et condamna les évêques restés ses fidèles. Il prononça, en même temps, le ban et l'anathème contre le roi Herman et ses partisans (3).

Sur ces entrefaites, Grégoire VII mourut à Salerne, le 25 mai 1085.

Une bataille qui eut lieu le 11 août 1086, à Bleichfelt, près de Wurtzbourg, entre les troupes de

______

(1) *Jahrbücher des deutschen Reiches unter Heinrich IV,* t. III, 1900, p. 464, 467 et 470.
(2) *Jahrbücher,* etc., t. IV, 1903, p. 15-20.
(3) *Ibid.,* t. IV, p. 22.

l'empereur et du roi élu, amena une défaite de l'armée impériale; mais ce succès ne profita guère au roi Herman, dont la cause, après la mort du pape Grégoire VII, déclina rapidement. Ses ennemis prétendaient que seul l'appui de l'archevêque Hartwig de Magdebourg et celui de l'évêque Bourcard de Halberstadt lui permettaient de subsister. Aussi la mort de ce dernier, d'une part, et la réconciliation de Henri IV avec les princes saxons, notamment avec Hartwig, d'autre part, portèrent le dernier coup à cette situation désespérée. Herman dut quitter la Saxe pour retourner en Lorraine. Mais les circonstances de ce départ ne sont pas exactement connues. D'après les uns, les Saxons l'auraient chassé; selon d'autres versions plus vraisemblables, il reconnut l'impossibilité de se maintenir dans sa dignité et il quitta volontairement le pays après renonciation au titre de roi et après entente, semble-t-il, avec l'empereur Henri IV (1).

Il mourut en Lorraine, le 28 septembre 1088, peu de temps après qu'il eut quitté la Saxe.

L'auteur contemporain d'un livre de controverse, écrit en faveur de l'empereur Henri IV et de l'anti-pape Guibert, nous éclaire sur les difficultés rencontrées par le roi Herman, l'élu des partisans du pape Grégoire VII. Il nous apprend que les évêques et les princes saxons, ses principaux électeurs, agissaient indépendamment suivant les tendances de chacun, et sans nul souci de la volonté royale. Le moine-

____

(1) *Jahrbücher,* etc., p. 130-131, et 221.

auteur, de l'abbaye de Hersfeld, ajoute qu'il a vu un jour Herman, dans le camp saxon, exécutant le service militaire, non comme roi, mais à la place d'un prince et que, après l'avoir supplié instamment en faveur de son église menacée de dévastation et de destruction, il avoua son impuissance en répondant qu'il ne pourrait être utile ni à l'abbaye ni à lui-même (1).

De son côté, l'auteur de la vie de l'empereur Henri IV écrit plus tard : « De quelle importance pouvait être la puissance d'un roi qui dut être entretenue, non par ses propres moyens, mais par des secours étrangers (2)? »

En somme, le roi Herman, en sa qualité de Lorrain, fut traité en étranger et il connut, au XIe siècle déjà, le fond que l'on peut faire sur les engagements, les promesses de fidélité et la foi jurée des princes allemands. Sa mort n'apaisa pas entièrement l'hostilité de ses adversaires, qui se plurent à le représenter comme victime d'une ridicule témérité ou d'une blâmable imprudence. Les uns ont prétendu qu'en revenant de la chasse et en regagnant à cheval le château ami qui lui servait de séjour, il aurait été mortellement blessé en simulant une attaque. Selon d'autres versions, il aurait été atteint d'un projectile en passant devant une place forte, ou en s'en approchant étourdiment de trop près. Le plus souvent, sa

------

(1) *Liber de unitate ecclesiæ conservanda*, lib. II, ch. 15 et 16. Cf. *Jahrbücher des deutsch. Reich.* 1903, IV, p. 228.

(2) *Vita Heinrici IV, imperatoris.* Cf. *ibid.*, p. 228.

mort est attribuée au fait de l'attaque d'un château fort situé, soit sur la basse Moselle, soit sur la Lahn; il y aurait été blessé mortellement à la tête par un jet de pierre (1).

La mort de Herman Ier de Salm se rattache plus vraisemblablement à la défense ou à la revendication de ses droits patrimoniaux, après son renoncement volontaire à la couronne royale et son retour en Lorraine. Au commencement de l'année 1086, mourut Herman, comte palatin lorrain, l'oncle paternel et sans doute le parrain du comte de Salm. A défaut d'enfants, son héritage revenait à ses neveux, Herman de Salm et Conrad Ier, comte de Luxembourg. Mais ce dernier, partisan zélé de Henri IV (2), mourut cette même année 1086, en chemin vers Jérusalem et réconcilié, paraît-il, avec l'Église; il laissait des héritiers susceptibles de recueillir la succession de leur grand-oncle, le comte palatin Herman. Or, aussitôt après la mort de ce dernier, l'empereur Henri IV désigna comme successeur Henri de Laach, le riche seigneur rhénan qui lui avait témoigné son attachement dans la bataille sur

---

(1) *Vita Henrici imperatoris*, ch. 4 (*SS.* XII, 274). *Annal. s. Jacobi Leodiens.* (*SS.* XVI, 639, 725). — *Annal. August.* (*SS.* III, 133). En ce qui concerne le lieu sur la Moselle, les *Annal. Palidens.* désignent : *castrum suum* COCHEME *repperit apertum ;* les *Gesta archiep. Magdeburg.* : *statim a suis hominibus in obsidione castri sui* LINTBERG *interficitur* (*SS.* XVI, 71; XIV, 404). Cf. *Jahrbücher,* etc., 1903, t. IV, p. 226-228.

(2) C'est le mariage de Conrad Ier avec Clémence, de la Maison de Gleiberg, particulièrement attachée à la fortune de l'empereur Henri IV, qui explique la position prise par le comte de Luxembourg, devenu l'adversaire de son frère, le roi Herman.

la Grune, et qui épousa ensuite Adelaïde de Ballenstedt, veuve pour la deuxième fois.

Meyer von Knonau, d'accord avec Witte, considérant Henri de Laach comme le neveu du comte
palatin Herman, prétend qu'il entra en possession
de l'héritage de ce dernier, non par son mariage
avec sa veuve, mais comme héritier naturel partageant, à ce titre, la succession avec son frère Herman de Gleiberg et ses fils, et avec les héritiers de
Conrad Ier de Luxembourg. Il y a là certainement
une erreur. Rien ne prouve que Henri de Laach,
pas plus que son frère Herman de Gleiberg, aient été
les neveux du comte palatin Herman, oncle au contraire du roi élu Herman de Salm et de Conrad Ier
de Luxembourg. Ce dernier, il est bon de le rappeler,
était marié à Clémence de Gleiberg, sœur probablement de Herman de Gleiberg, et peut-être de Henri de
Laach. C'est cette relation de parenté qui aura amené
la confusion. Est-il d'ailleurs admissible que Henri de
Laach se fût marié avec sa tante convolant en
troisièmes noces (1)?

La vérité probable est que, à la mort du comte
palatin Herman, l'empereur Henri IV, pour frustrer
de l'héritage son ancien compétiteur, le roi Herman,
se sera empressé de mettre les possessions du défunt
entre les mains de son zélé partisan Henri de Laach.
Celui-ci aura voulu consolider cette acquisition par

-----

(1) Meyer v. Knonau, *Jahrbücher des deutschen Reiches
unter Heinrich IV*, 1903, t. IV, p. 229. La puissance territoriale des comtes de Gleiberg s'étendait sur les deux rives du
Rhin.

son mariage avec la veuve du comte palatin, Adelaïde de Ballenstedt.

C'est sans nul doute en combattant pour la revendication de ses droits dans la succession de son oncle, le comte palatin Herman, que le roi détrôné Herman, comte de Salm, perdit la vie dans un de ces sièges si fréquents alors, quand les châteaux forts se dressaient nombreux dans les pays entre la Moselle et le Rhin.

Si les auteurs diffèrent sur les circonstances et le lieu de la mort de Herman Ier, ils s'accordent par contre pour déclarer qu'il fut transporté à Metz et y fut enterré avec honneur (1).

On sait fort peu de chose au sujet de son mariage. Neyen (2), confondant Herman Ier de Salm avec le comte palatin Herman, son oncle, lui donne pour épouse Adelaïde, fille d'Otto d'Orlamunde, marquis de Misnie, c'est-à-dire Adelaïde veuve en premières noces d'Adalbert de Ballenstedt, en secondes noces du comte palatin lui-même et, enfin, mariée en troisièmes noces à Henri de Laach. Kremer (3), s'appuyant sur une charte, sans date, de la fin du xie siècle ou du commencement du xiie, la nomme Ermentrude. Or, nous pouvons établir

____

(1) BERTHOLD CONST., ad an. 1088 : « *Hermannus, Rex Catholicus, ab iis in Lotharingiam secessit, ibique non multò post, viam universæ terræ arripuit, anno Dominica incarnationis 1088, regni verò ejus septimo ; indict. XII, et in patria sua Mettis honorifice sepelitur.* Cf. BÉNÉD., *Hist. de Metz*, II, p. 191; NEYEN, II, p. 104; *Jahrbücher des deutsch. Reich.* 1903, t. IV, p. 227.

(2) NEYEN, *Biogr. luxemb.*, II, p. 103.

(3) KREMER, *Gesch. des ardennischen Geschlechts*, p. 77.

aujourd'hui, d'une manière certaine, que l'épouse
du roi élu, Herman, comte de Salm, se nommait
Sophie. Au synode de Quedlinbourg (avril 1085), le
légat du pape Otton d'Ostie (plus tard pape Urbain II) souleva la question de séparation des deux
époux pour cause de consanguinité au degré défendu.
D'après le compte rendu, Herman se serait montré
disposé à se soumettre à la décision de l'assemblée qui,
toutefois, écarta la question comme inopportune et
pour cause d'absence des plaignants dont la présence
était exigée par la loi (1). Witte (2), s'appuyant sur
une indication fournie par la chronique du monastère de Götweih (3), croit que l'épouse de Herman Ier
appartenait à la maison comtale de Formbach, si
hostile à l'empereur Henri IV. Comme les noms
de la mère et de la grand'mère de Herman sont
inconnus, il n'est pas possible d'établir la parenté
invoquée par le synode. Par contre, Giesebrecht
croit que la reine Sophie est issue de la maison
de Luxembourg, par Henri V, duc de Bavière, frère
de l'impératrice Cunégonde. Dans ce cas, les deux
époux auraient été cousins issus de germains; et si

----

(1) *Jahrbücher*, etc., IV, p. 17.

(2) WITTE, *Genealogische Untersuchungen*. Stammtafel II :
Haus Luxemburg-Gleiberg. — *Ann. des histor. Vereins für
den Niederrhein*, XV, 1864, p. 35-39.

(3) Monastère sur la montagne de Götweih (*Cotewich dicitur*)
dans la marche orientale de Bavière, évêché de Passau. Voici
le passage en question de la chronique : *domina Sophya
Herimanni regis relicta tradidit ad altare sancte Marie predium quoddam Meginoldi dictum...* avec, *Otto filius ejusdem
regine,* comme premier témoin. (*Fontes rer. Austriacarum,*
2e partie, VIII, 26. Cf. *Jahrb.*, IV, 17, n. 32.)

l'on admettait que le père de Sophie fût Henri, duc de Bavière, neveu et successeur du précédent, ils eussent été cousins germains. Mais, comme aucune preuve n'est apportée en faveur de cette opinion, la parenté avec la maison de Formbach (1) est plus probable.

Herman Ier laissa : 1º *Herman II* qui suit ; 2º *Otton*, qui épousa, après 1113, Gertrude, fille de Henri le Gros de Nordheim et de Gertrude de Brunswick, et sœur de Richenza, femme de l'empereur Lothaire II. Gertrude de Nordheim était veuve du comte palatin Sigefroy de Ballenstedt (2) et apporta à son second mari le château de Rineck (près de Breisig sur le Rhin). Le comte Otton de Rineck accompagnait souvent l'empereur Lothaire II dans

---

(1) L'abbaye de Formbach est située en Bavière, au sud de Passau, sur l'Inn ; elle fut fondée par la famille de Formbach, à laquelle appartenait Hedwig de Formbach, mère de l'empereur Lothaire II et du duc Simon de Lorraine. Dans l'abbaye de Formbach fut inhumé, au milieu de ses ancêtres, Frédéric de Formbach, mort en 1059 et père d'Hedwig. W. BERNHARDI, *Lothar von Supplinburg,* 1879, p. 597.

(2) Sigefroy de Ballenstedt, mort en 1113, était le fils d'Adalbert de Ballenstedt dont la veuve, Adelaïde, se maria, comme nous l'avons vu, p. 70 (t. XV) et 21, en secondes noces au comte palatin Herman et en troisièmes noces à Henri de Laach. Ce dernier, étant mort le 12 avril 1095, eut pour successeurs ses deux beaux-fils : Otton et Sigefroy. En 1099 Sigefroy était désigné, comme le deuxième successeur de Henri, dans la dignité de comte palatin. Les deux fils de Sigefroy de Ballenstedt et de Gertrude étant morts sans postérité : Sigefroy II en 1124 et Guillaume en 1140, c'est le second mari de Gertrude Otton qui devint comte palatin et rentra ainsi en possession de l'héritage de son grand-oncle Herman, comte palatin, dont Herman Ier, père d'Otton, avait été frustré par son compétiteur Henri IV.

ses voyages et il fut à ses côtés pendant l'expédition
d'Italie contre le roi Roger de Sicile en 1136. Il
mourut, d'après Bertholet, en 1146, et d'après Fahne,
en 1150, laissant un fils, *Otton II de Rineck* et une
fille *Sophie* qui épousa le comte Thierry de Hollande,
fils du comte Florent de Hollande et de Gertrude,
fille elle-même de Thierry, duc de Haute-Lorraine,
mort en 1115 et de Hedwig de Formbach, et par
conséquent sœur de Simon, duc de Lorraine et
demi-sœur de l'empereur Lothaire II (1).

3° *Mathilde*, comtesse de Hombourg, considérée
comme la fondatrice de l'abbaye de Salival, nécropole des comtes de Salm, vers l'année 1140 (2).

HERMAN II. — C'est le mariage de Herman II
avec une riche héritière de la maison de Montbéliard-Mousson-Bar qui amena le fils aîné de Herman Ier et ses descendants à s'établir dans cette
partie de l'évêché de Metz qui forma plus tard le
comté de Salm-en-Vosge et celui de Blâmont. Il
est donc d'une importance capitale de fixer tout
d'abord l'origine de cette noble héritière, dont la
personnalité domine toute l'histoire des comtes
de Salm; mais, jusqu'ici, c'est à la façon de
ces personnages semi-légendaires dont les figures
s'estompent, se voilent, se modifient sous les retou-
ches et les enjolivures que, suivant les goûts de

---

(1) W. BERNHARDI, *Lothar von Supplinburg*, Leipzig,
1879, p. 814-816.

(2) H. LEPAGE, *Les Communes*, art. Salival. D. CALMET,
Not. de Lorr.

chaque époque, les générations successives se sont plu à leur faire subir. C'est ainsi qu'un roman historique sur le château de Pierre-Percée (1) a contribué pour sa part à en déformer l'histoire authentique, par des superfétations romanesques qui, prises au sérieux, ont fini par troubler et même par fausser le véritable enchaînement des faits. Aussi, l'étude de cette phase initiale de l'histoire des comtes de Salm a-t-elle été particulièrement longue et laborieuse et si, par suite de la pénurie de documents authentiques, je n'ai pu faire la lumière complète, du moins je crois avoir réussi à faire jaillir quelques étincelles permettant de nous guider dans les ténèbres qui enveloppent encore l'origine du comté de Salm, comme celle de la plupart des petits États indépendants sortis de la dislocation de l'ancienne Lotharingie.

Plusieurs chartes, dont il sera question plus loin et datées des années 1135, 1147, 1174 et 1186, mentionnent la femme du comte Herman II sous le nom d'*Agnès comtesse de Langenstein*. Albéric de Trois-Fontaines, dans les renseignements généalogiques de sa chronique, nous apprend qu'elle appartenait à la famille des comtes de Montbéliard, étant la sœur d'*Étienne*, évêque de Metz, de *Thierry*, comte de Montbéliard, de *Frédéric*, comte de Ferrette et de *Renaud*, comte de Bar (2).

---

(1) J. C. Docteur, *Le château de Pierre-Percée*, Raon-l'Étape, 1840.

(2) *Hic nota quod episcopus (Metensis) Stephanus supra nominatus tres habuit fratres comitis, Theodericum de Montebeliardi; Fredericum de Ferretes, patrem comitis Ludovici, et*

Les historiens qui se sont occupés de la famille
de Montbéliard, parmi lesquels Schœpflin (1), Grandidier (2), dom Calmet (3), Du Chesne (4), Ch. Duvernoy (5), Viellard (6), Tuefferd (7), sont d'accord
pour reconnaître cette origine de la femme de Herman II, comte de Salm. Leurs travaux nous ren-
seignent sur la généalogie de cette puissante dynastie
à partir du XIe siècle. Cette généalogie est établie, sur des bases certaines, après le mariage de
Sophie, l'une des deux filles de *Frédéric II*, duc de
Haute-Lorraine, avec *Louis*, comte de Montbéliard,
de Mousson, etc. De ce mariage naquit *Thierry Ier*,
comte de Montbéliard (*II*) de Bar et de Ferrette (8),
qui épousa *Ermentrude*, fille de Guillaume II Tête
hardie, comte de Bourgogne, et d'Étiennette de
Vienne, sœur par conséquent du pape Calixte II.

---

*Rainaldum strabum, comitem de Barro Ducis... Quatuor isti
fratres sororem habuerunt, quæ comiti Herimanno de Salmis
peperit Henricum de Salmis et fratrem ejus Theodericum abbatem
S. Pauli Virdunensis.* ALBERIC, *Chron.* Cf. Léon VIELLARD,
Documents et Mémoires pour servir à l'hist. de Belfort, p. 278.
Besançon, 1884.

(1) SCHŒPFLIN, *Als. dipl.*

(2) GRANDIDIER, *Hist. d'Alsace.*

(3) D. CALMET, *Hist. de Lorraine.*

(4) DU CHESNE, *Hist. de la maison de Bar.*

(5) Ch. DUVERNOY, *Éphémérides du comté de Montbéliard.*

(6) L. VIELLARD, *Documents,* etc.

(7) TUEFFERD, *Hist. des comtes souverains de Montbéliard,*
1877.

(8) Thierry Ier est appelé, dans des chartes de 1076 et 1096 .
« noble comte de Montbéliard; très illustre seigneur; éminent
comte; riche et puissant comte qui par sa position et ses res-
sources, pouvait beaucoup nuire ou rendre service ». Cf.
TUEFFERD, *ibid.,* p. 14.

Agnès, l'épouse de Herman II, comte de Salm, est issue de ce mariage de Thierry Ier et d'Ermentrude dont voici la descendance :

1º Thierry II, comte de Montbéliard, † 1182;

2º Frédéric Ier, comte de Ferrette et d'Amance, † 1168;

3º Renaud Ier, dit le Borgne, comte de Bar, de Mousson, de Briey, † 1150;

4º Étienne de Bar, évêque de Metz, † 1163;

5º Louis, comte de Mousson, † 1102;

6º Agnès, épouse de Herman II, comte de Salm;

7º Norine, épouse d'Adalbert, comte de Mœrsberg;

8º Gunthilde, première abbesse de Biblisheim, † 1174.

Comment, dans ces conditions, la femme de Herman II est-elle désignée, dans les rares titres qui nous sont parvenus, sous le nom d'Agnès, comtesse de Langenstein et non sous celui d'Agnès de Montbéliard qui était son nom de famille? La réponse ne saurait être douteuse : c'est en qualité de veuve d'un comte de Langenstein qu'elle a dû porter ce titre.

En rappelant, dans son *Histoire de l'abbaye de Saint-Sauveur et de Domèvre*, les efforts tentés par les historiens pour dissiper l'obscurité qui enveloppait la généalogie d'Agnès, M. l'abbé Chatton avait pensé apporter un élément nouveau pour résoudre le problème. A cet effet, il a publié le texte d'une charte, datée du 20 février 1138 (n. st.), relative à des donations à l'abbaye de Saint-Sauveur faites par la comtesse Agnès pour le salut de son âme et celle de ses ancêtres; elle y confirme ce qui fut donné antérieu-

rement à ladite abbaye par les princes de Salm et seigneurs de cette terre à elle, savoir la neuvième partie
de tout ce qui se dîme en grains, en vins, en fromages,
en porcs, en chevaux à Giroville, Couvaye, Blémerey,
Herbéviller, Boncourt; elle leur confirme aussi la
moitié de l'église de Raon (lès-Leau) qui leur a été
donnée pour le salut du *comte Godefroy*, son mari, et
encore la moitié du même village et son ban pour
le repos de son fils Guillaume qui y est inhumé... (1).

Cette charte jette, en effet, un jour nouveau sur
la personne de la comtesse Agnès; mais, à la condition de soumettre le texte à un examen critique approfondi absolument nécessaire pour dissiper les nouvelles obscurités que des interprétations superficielles
étaient parvenues à ajouter à celles qui régnaient
déjà. On arrivera ainsi à des conclusions fort différentes de celles admises jusqu'ici.

Ce texte ne laissant aucun doute sur un double
mariage de la comtesse Agnès, on en avait conclu
qu'après la mort du comte de Salm, Herman II, elle
s'est mariée, en secondes noces, à un comte Godefroy
dont elle aurait été déjà veuve de nouveau en 1138.

---

(1) Abbé Chatton, *Hist. de l'abbaye de Saint-Sauveur et
de Domèvre. Mém. S. A. L.* 1897 et 1898. — Voici le texte du
préambule dont ma traduction ci-dessus diffère de celle de
M. l'abbé Chatton, qui a traduit : *ab antecessoribus principibus Salmeis* par « les princes de Salm *ses* ancêtres » (d'Agnès).
Mém. S. A. L. 1897, p. 39 : *Ego Agnès comitissa pro
remedio animæ meæ et antecessorum meorum fratribus et
ecclesiæ Sanctæ Mariæ apud Sanctum Salvatorem, confirmo
presenti scripto ea quæ ab antecessoribus principibus Salmeis
et dominis hujus meæ terræ donata sunt eis nec non nonam...*
Ibid., 1898; Appendice, p. XII.

Et partant de là, le comte E. de Martimprey, l'auteur des *Sires et Comtes de Blâmont* (1), a voulu voir dans ce second mari d'Agnès, le *comes Godefridus de Castello* (2) cité comme témoin dans la charte de fondation du prieuré de Moniet, en 1127. Cette manière de voir a été admise par M. l'abbé Chatton (3). M. Léon Germain de Maidy, dans un article sur *Agnès de Langstein* (4), s'est contenté de poser la question : Quel était ce comte Godefroy?

Je crois pouvoir répondre, dès maintenant, que ce n'était certainement pas le comte Godefroy de Castres de la charte de 1127, pour la raison péremptoire que le mariage d'Agnès avec le comte Godefroy a, non pas suivi, mais précédé celui qu'elle contracta avec Herman II, comte de Salm. Le simple énoncé des dates suffira pour rendre manifeste cette interprétation. En 1135, le comte Herman, avec son frère Otton, figurent encore dans une charte d'Adalbert, archevêque de Mayence (5). C'est le dernier acte connu et il faut admettre que peu de temps après Herman II mourut, puisqu'en février 1138, la comtesse Agnès est veuve. Comment en un si court intervalle aurait-elle pu s'engager dans les liens d'un nouveau mariage et avoir un fils décédé à l'âge de raison? car la donation pour le repos de son âme im-

----

(1) *Mém. S. A. L.*, 1890, p. 84.

(2) *Castello* ou Castres, paraît être Bliescastel, sur la Bliese, entre Deux-Ponts et Sarrebrück.

(3) *Mém. S. A. L.*, 1897, p. 41.

(4) *Journ. S. A. L.*, 1888.

(5) GOERZ, *Mtrh. Reg.*. I, p. 508.

plique évidemment la mort à l'âge adulte de ce fils·
Guillaume. Un autre fils, Conrad, assiste d'ailleurs,
déjà en 1124, à la dédicace de l'église de l'abbaye de
Senones, avec le titre de comte de Langenstein (1).
Il sera sans doute superflu d'ajouter qu'à la mort du
comte Herman II, la comtesse Agnès avait certainement dépassé la cinquantaine.

Nous sommes donc amené forcément à admettre
que le mariage d'Agnès avec le comte Godefroy
précéda celui contracté, dans les premières années du
douzième siècle, avec Herman II, comte de Salm.
Mais quel était donc ce comte Godefroy? Ce ne peut
être, comme nous l'avons dit, le *comes Godefridus
de Castello*, de la charte de fondation de Moniet
(1127), puisque celui-ci vivait en même temps que le
comte Herman II et lui a même survécu. Ce premier
mari d'Agnès de Montbéliard devait naturellement
porter le titre qu'il a laissé à sa veuve et à leur fils
survivant, *Conrad, comte de Langenstein*. Et dès lors,
la clarté se fait comme par enchantement. Il ne reste
plus qu'à rechercher à quelle famille appartenait ce
comte *Godefroy de Langenstein*. Son alliance avec
Agnès de Montbéliard-Mousson-Bar est un indice
certain qu'il appartenait à l'une des familles puis-
santes de l'époque. Or, le rapprochement, que nous
avons déjà fait de ce nom de *Langenstein* avec celui
de *Longuicastro* attribué par Laurent de Liége
à Adalbert, duc de Haute-Lorraine de 1047 à 1048,
incline nos recherches vers la famille d'Alsace.

––––––––––

(1) D. Calmet, IV, pr. col. 439.

Le duc Adalbert ne semble pas avoir laissé de fils vivant, ce qui justifie la succession au duché de Lorraine de son neveu, Gérard III, devenu duc sous le nom de Gérard Ier. Mais, l'auteur de *La Véritable origine des très illustres maisons d'Alsace et de Lorraine* lui attribue une fille, « Mathilde, qui épousa Folmar auquel elle porta le comté de Metz et de Homberg (1) ». De ce mariage seraient issus : Folmar, Hugues et Clémence, cette dernière mariée à Folmar, comte de Castres.

M. l'abbé Châtelain a dressé un tableau généalogique de la lignée principale des Folmar de Lunéville, comtes de Metz (2). Il attribue à Folmar VI, fondateur de l'abbaye de Beaupré en 1135, pour épouse « Mathilde, héritière de Dagsbourg, dont une fille, Clémence, épousa Folmar, comte de Castres et lui apporta Lunéville ». Or, il ne peut s'agir ici de Mathilde, fille et héritière du duc Adalbert, qui, en 1135, n'aurait pas été loin d'être centenaire. Le Folmar, son mari, ne peut être que Folmar IV qualifié comte de Metz (1055-1075), auquel M. l'abbé Châtelain donne pour épouse Spanéchilde. Si ce prénom de Spanéchilde n'a pas été confondu avec celui de Mathilde, il faudrait admettre que Folmar IV a été marié deux fois. Le tableau généalogique leur

---

(1) *La Véritable orig.*, etc., p. 4. Bien qu'il existât une famille comtale *de Homberg*, il s'agit sans doute ici de Hombourg, plus tard Hombourg-l'Évêque, canton de Saint-Avold (Moselle), parfois appelé Homberch.

(2) Abbé CHATELAIN, *Le Comté de Metz et la Vouerie épiscopale du huitième au treizième siècle* (*Jahrbuch*, 1901, p. 306).

attribue deux fils : Folmar V et Godefroy III que l'on considérait généralement comme tige des comtes de Castres. Mais M. l'abbé Châtelain fait remarquer que Folmar IV, fils de Godefroy Ier, comte du palais à Metz (1034-1052), avait un frère du nom de Godefroy, mentionné avec lui dans une charte de 1065 et jusqu'alors ignoré de tous les généalogistes. Il soupçonne, dit-il, ce Godefroy II, voué de Neuviller, d'être le véritable auteur de la branche de Castres. Je me range à cette interprétation.

Du mariage de Folmar IV et de Mathilde, fille d'Adalbert de *Longuicastro*, seraient issus :

1° Folmar V, comte de Metz (1075-1111), fondateur de l'abbaye de Lixheim, qui succéda à son père dans le comté de Metz;

2° Godefroy III;

3° Clémence, qui épousa Folmar, comte de Castres, fils de Godefroy II considéré comme la tige des comtes de Castres.

Dom Calmet cite, comme preuve de cette filiation, des titres de 1135, 1157, 1166, 1173, 1178 et 1179 (1).

C'est ce Godefroy III, devenu Godefroy, comte de Langenstein, qui serait le premier mari d'Agnès de Montbéliard. Les preuves de cette origine font encore défaut; mais les éléments nouveaux mis en lumière laissent entrevoir une solution définitive.

----

(1) D. CALMET, II, col. XXV, 2ᵉ éd. — Cette filiation est établie, d'une manière authentique, par la donation de *Consengis*, que les deux frères Folmar V et Godefroy font, à l'abbaye de Saint-Remy, pour le repos de l'âme de leur père. D. CALMET, I, col. 412. — Cf. Abbé CHATELAIN dans *Jahrbuch*, 1901, p. 302.

Observons encore que Godefroy Ier (1034-1052), voué de l'abbaye de Saint-Remy de Lunéville, n'est encore qualifié que de comte du palais à Metz. C'est qu'alors le comté épiscopal de Metz était entre les mains de la maison d'Alsace. Or, Folmar IV, qui succéda à son père Godefroy Ier, vit son autorité s'étendre à tout le pays messin, sans doute après la mort du duc Adalbert et l'accession de son neveu Gérard à la dignité ducale. Son mariage avec Mathilde, l'héritière du duc Adalbert, justifierait cette extension d'attributions. Leur fils aîné, Folmar V, hérita de ce titre de comte de Metz et son frère Godefroy dut recevoir, comme il était d'usage, l'apanage du comté de *Longuicastro* apporté par sa mère Mathilde, fille d'Adalbert de *Longuicastro*. Quant à Clémence, la fille de Folmar IV, elle fut mariée à Folmar, comte de Castres, fils de Godefroy considéré maintenant comme la tige des comtes de Castres. Godefroy, comte de Langenstein et Folmar, comte de Castres, étaient donc cousins germains; il s'ensuit que Conrad, comte de Langenstein, fils d'Agnès de Montbéliard et Godefroy, comte de Castres, de la charte de fondation de Moniet, en 1127, étaient cousins issus de germains. Cette parenté explique la présence simultanée, dans plusieurs actes de cette époque, du comte Godefroy de Castres, du comte Conrad de Langenstein, plus tard Pierre-Percée, et du comte Herman de Salm, deuxième mari de la comtesse Agnès.

Nous ignorons la date de la mort du comte Godefroy de Langenstein et l'époque exacte de la nouvelle union de sa veuve à Herman II, comte de Salm. En admettant, avec les historiens de Montbéliard, que le mariage de Thierry Ier et d'Ermentrude de Bourgogne, ses parents, eût lieu en 1076 (1), celui de leur fille Agnès avec le comte Godefroy ne peut être antérieur que de peu d'années à l'an 1100. Son second mariage doit être placé dans la première dizaine du XIIe siècle.

Dom Calmet dit que le nom de Salm ne paraît dans les Vosges que vers l'an 1090; que Herman II fut nommé, par un évêque de Metz, voué de l'abbaye de Senones et que, dès l'an 1104, il est appelé comte de Salm dans un titre de cette abbaye (2). On peut admettre qu'il hérita de la vouerie de Senones de son père Herman Ier qui en aura été pourvu, soit par son oncle, l'évêque Adalbéron III, soit par le successeur de ce prélat, Hériman, dont il était, comme nous l'avons vu (3), le *miles*, terme désignant à cette époque les comtes de Metz devenus feudataires de l'évêque. La charge de comte ou haut-voué épiscopal de Metz avait été conférée, en 1007, par l'évêque Thierry II à Gérard Ier appelé jusqu'alors Gérard de Turquestein, de la famille d'Alsace; celui-ci, après sa mort, survenue en 1020, eut pour successeur son frère Adalbert Ier auquel succéda, en 1033, son fils Gérard II. Or, Gérard Ier et Gérard II sont désignés

----

(1) TUEFFERD, *Hist. des comtes de Montbéliard*, p. 14. BÉNÉD., *Hist. de Metz*, II, p. 230.

(2) D. CALMET, I, col. CCIX. — VII, col. CLXXX. — MARTENE, II, p. 80. *Notice de Lorr.*, art. Salm.

(3) *Supra.*

comme voués de Senones, le premier en l'an 1000, le second en 1030 (1).

Quelques auteurs ont cru que c'est par son mariage avec la comtesse Agnès de Langenstein que Herman II était devenu voué de l'abbaye de Senones. C'est, croyons-nous, une erreur. La vouerie de Senones était un bénéfice ou fief de l'évêché de Metz, et à ce titre, comme nous venons de le voir, tenu au XIe siècle par Gérard Ier, puis par Gérard II, comtes épiscopaux de Metz. On pourrait supposer que ce bénéfice a passé dans la maison de Lunéville par le mariage de Mathilde, fille et héritière du duc Adalbert et, par elle, à son fils Godefroy que nous considérons comme le premier mari de la comtesse Agnès. Mais, s'il en eût été ainsi, ce n'est pas à Herman, comte de Salm, second mari de la comtesse de Langenstein, que revenait cette vouerie, mais au fils de celle-ci, le comte Conrad de Langenstein. Tout indique que c'est Herman II lui-même qui possédait ce bénéfice, soit qu'il l'ait hérité de son père Herman Ier, soit qu'il en ait été investi par l'évêque Poppon, dit Burckard (1090-1103), élu contre l'intrus Adalbéron IV.

Les domaines qu'Agnès de Montbéliard-Bar avait reçus en dot étaient situés, partie sur la haute Vezouse, partie dans le bassin de la Seille, l'ancien

_____

(1) SIGEBERT DE GEMBL., Chron. ad an. 1081 : *In Gallia Hermannus miles Herimanni,...* — Gobert, fils de Cunégonde, qualifié voué de Senones en 1103, n'est sans doute qu'un sous-voué ou voué pour des biens de l'abbaye de Senones en dehors de la juridiction du temporel de l'évêché de Metz. *Hist. ms. de Senones,* éd. Dinago, p. 66.

Saulnois. Sa sœur Norine, de son côté, avait été dotée de plusieurs seigneuries dans la région de Sarreguemines. Ces possessions de la famille de Montbéliard-Mousson-Bar provenaient en partie de l'ancien domaine qu'un grand d'Austrasie, Fulrad, avait légué par testament, en 777, à l'abbaye de Saint-Denis (1). Ce domaine constitua d'abord la dotation du prieuré de Salone. Vers 862, une partie de ces possessions, celles situées sur la Sarre, furent données en précaire à un comte des plus puissants à cette époque, au comte Adelard qui, avec Matfrid, était en 865 un des conseillers les plus écoutés de Lothaire II.

De 892 à 968, la maison des comtes de Paris, source des Capétiens, sous le titre d'abbés laïques, gouvernait l'abbaye de Saint-Denis. Hugues le Grand ayant marié sa fille Béatrice à Frédéric Ier, duc de Haute-Lorraine et premier comte de Bar, celle-ci reçut en dot, après échange sans doute, les domaines de la Sarre et la partie du comté de Destry située au sud de cette localité. Vers la même époque, le prieuré de Salone, moyennant un cens annuel, fut remis, du consentement de Saint-Denis, à l'abbaye de Saint-Mihiel, comme dédommagement d'autres biens que le duc Frédéric jugea plus à sa convenance. Aussi, dans l'acte de confirmation donné le 15 octobre 980 par

---

(1) La Bibliothèque nationale possède quatre testaments de Fulrad. — MABILLON et FÉLIBIEN, *Hist. de l'abb. de Saint-Denis.* — GRANDIDIER, *Hist. de l'égl. de Strasbourg*, t. II, pr., p. CXXII et suiv. — *Neues Archiv der Gesellsch. für die aeltere Geschichtskunde*, vol. 32, p. 169 et suiv. —L. MAUJEAN, *Hist. de Destry et du pays Saulnois*, Metz, 1913, p. 9-17. —Fulrad, abbé de Saint-Denis, mourut le 16 juillet 784.

Otton II en faveur de Saint-Denis, il n'est plus question des biens de la Sarre et du Saulnois (1).

Ces domaines, ainsi passés entre les mains des premiers ducs de Haute-Lorraine, puis dans celles des comtes de Montbéliard-Bar, furent donnés en dot aux filles de Thierry Ier, Agnès et Norine. Cette dernière épousa Albert, comte de Morsberg, issu du comte de Winterthur, en Suisse (2), et lui apporta en mariage plusieurs seigneuries dans la région de Sarreguemines. En souvenir de son castel familial, Albert, comte de Morsberg, fonda, sous la même appellation, le château de Morsberg, connu sous le nom de Marimont et situé près de Dieuze (3). Il en fit le chef-lieu des biens et des voueries que sa femme lui avait apportés.

Nous avons dit que les domaines reçus en dot par la comtesse Agnès étaient situés sur la Haute-Vezouse

---

(1) E. HUBER et E. PAULUS, *Coup d'œil hist. sur les orig. de Sarreguemines jusqu'au XIIIe siècle. Jahrbuch*, 1903, p. 263-277. Le *Saulnois* était limité au nord par le *pagus Metensis* et le *pag. Nitensis* ; au nord-est par le *Blesencis superior*. Au sud et à l'ouest, la limite qui le séparait du *Calmotensis* et du *Scarponensis* suivait, à quelque distance de la rive, la Seille jusqu'au *pag. Metensis*, lequel commençait aux environs de Sillegny. Cf. L. MAUJEAN, *Hist. de Destry et du pays saulnois*, p. 94. Metz, 1913.

(2) E. HUBER et E. PAULUS, p. 263. Le château de Moersperg, dit aussi Morimont, s'élève sur le sommet d'une montagne entre Ferrette et Porrentruy (Suisse). C'est un des premiers domaines du comté de Ferrette. (SCHŒPFLIN-RAVENEZ, *L'Alsace ill.*, t. IV, p. 80.)

(3) Le château de Marimont était entouré d'une double enceinte; démoli, il n'én reste que quelques vestiges. H. LEPAGE, *Le Département de la Meurthe, Statistique*, art. **Marimont.**

et dans le bassin de la Seille. Herman II, dont le comté de Salm était, comme les biens patrimoniaux de son beau-frère, le comte de Morsberg, éloigné des possessions dotales d'Agnès, son épouse, a-t-il, comme ce dernier, construit un château sur ces terres? Nous l'ignorons, mais nous savons que, dès le XIIIᵉ siècle, les comtes de Salm possédaient, dans l'ancien Saulnois, les châteaux de Morhange (1) et de Viviers (2), situés à égale distance de l'abbaye de Salival, ancienne nécropole de cette famille à laquelle Ruyr attribue sa fondation (3). La chronique de Richer de Senones nous apprend que, vers 1250, le château de Morhange servait de résidence au comte de Salm (4).

Rappelons ici qu'au XIVᵉ siècle, dans le Luxembourg, la famille des comtes de Salm-en-Vosge était désignée sous la dénomination de *Salm-en-Savoye, Savoy, Savois, Saulmois* (5). Notre confrère et ami M. Léon Germain de Maidy (6) a montré

----

(1) Morhange, à 15 km. N.-N.-E. de Château-Salins, avait deux châteaux anciennement entourés de fossés.

(2) Viviers, à 10 km. N.-N.-O. de Château-Salins et 4 km. à l'E. de Delme; il y avait là un château fortifié de bonnes murailles et environné de fossés remplis d'eau. Le corps de la place avait sept bastions et les cours en avaient six. D. Calmet, *Notice de Lorraine.*

(3) Salival, abbaye de Prémontrés, à 3 km. S.-E. de Château-Salins. Ruyr, *Recherches des sainctes antiquitez de la Vosge,* p. 248, Épinal, 1634.

(4) Richer, l. V, ch. 11. *M. G. H.,* t. XXV, p. 337.

(5) H. Goffinet, *Les Comtes de Chiny,* p. 527, 544, 545, 546. E. Tandel, *Les Com. lux.* VI, p. 421.

(6) *Journal S. A. L.,* 1896, p. 259-261.

que sous ces variantes il faut reconnaître le **mot**
Saulnois et il émet l'idée qu'il s'agit peut-être de notre
pagus Salinensis. Les Annales du doyen de Saint-
Thiébaut de Metz nous fournissent, de leur côté, la
dénomination de comte de *Salm-en-Samroy* (sans
doute mauvaise lecture de *Saulnoy*) et l'expression
Saulnexiens appliquée aux troupes de Jean de Salm
en 1364 (1).

Le doute aujourd'hui n'est plus permis sur ces différentes dénominations ; elles se justifient par ce fait que
les principaux domaines des comtes de Salm, en
dehors de la vouerie de l'abbaye de Senones, se trouvaient dans l'ancien Saulnois ; ils provenaient, pour
la plupart, des possessions de cette région apportées
en dot par Agnès de Montbéliard-Mousson-Bar et
plus tard par Marguerite de Bar, épouse du comte
Henri III.

Ne perdons pas de vue que, sous Herman II, comme
d'ailleurs sous son fils et successeur Henri Ier,
le comté de Salm-en-Saulnois, ou en Vosge, n'existait pas encore. Leur titre de comte s'appliquait
au comté de Salm-en-Ardenne, la séparation ne
s'étant produite que vers le dernier quart du
XIIe siècle.

C'est en sa qualité de voué de Senones que nous
apparaît pour la première fois le comte Herman II,
dans un titre de cette abbaye de l'an 1104, puis dans
un acte d'Adalbéron IV, évêque de Metz, du 8 mars
1111. Cet acte, solennellement dressé et publié à Metz,

---

(1) D. CALMET, IV, pr., col. CLXXV.

sous la signature de nombreux témoins religieux et
laïcs, déclare :

Que Herman, comte de Salm, abusant de son autorité,
ne cessait d'inquiéter les sujets de l'abbaye de Senones
par des exactions et des tailles; qu'il leur imposait, malgré
l'abbé, des plaids auxquels il les obligeait de comparaître.
Antoine, abbé de Senones, en porta ses plaintes à Adalbéron IV, évêque de Metz, qui cita Herman devant lui,
l'excommunia, l'obligea à satisfaire à l'abbé, à lui restituer ce qu'il avait pris et à demander l'absolution de
l'excommunication qu'il avait encourue (1).

Nous ignorons si le comte Herman II se soumit
entièrement à cette sentence. Il est permis d'en
douter, puisque les mêmes plaintes se reproduisent
sans cesse ultérieurement. L'anarchie qui régnait
alors dans l'Empire, par suite du schisme sur la question des investitures, se faisait particulièrement sentir
dans l'évêché de Metz, où Adalbéron IV avait été
nommé par l'empereur Henri IV, et par les partisans
de l'antipape Clément III, alors que les Messins, restés
fidèles au pape Urbain II, avaient élu Poppon, dit
Burckard. Après la mort de ce prélat, en 1103, les
Messins, forcés de plier sous le poids de l'autorité de
l'Empereur, se virent obligés de laisser monter Adalbéron IV sur le siège épiscopal. Mais Adalbéron était
plus attentif à faire sa cour à l'Empereur, qu'il accompagnait partout, qu'à administrer sagement son
évêché; aussi les abus devenant de jour en jour

---

(1) D. Calmet, IV, col. 527. — *Hist. de l'abb. de Senones,*
éd. Dinago, p. 69.

plus criants, il fut enfin résolu de l'expulser de son siège. Convoqué devant le Concile que le pape Pascal II fit assembler à Reims le 28 mars 1115, Adalbéron IV y fut déposé (1). Il faut avouer que, dans ces conditions, l'acte excommuniant le comte Herman II est tout au moins suspect d'être dirigé contre un adversaire politique.

En 1121, Herman II est à Rome, auprès du pape Calixte II, oncle de la comtesse Agnès. Il déposa sur l'autel de saint Pierre, en présence du pape et le jour même où l'on sacrait cet autel, la pièce d'or que Guillaume, comte de Luxembourg, son cousin germain, avait promis d'offrir tous les ans en signe d'affranchissement de l'oratoire fondé par le comte Conrad, son père, auprès de son château de Luxembourg et devenu l'abbaye de Munster. Herman, comte de Salm, figure en tête des nombreux comtes et seigneurs qui assistaient, comme témoins, à l'acte de confirmation de cette abbaye (2).

Le prestige de ce cadet de la maison de Luxembourg, marié à la sœur des comtes de Montbéliard et de Bar, à la nièce du pape Calixte II, ne pouvait, semble-t-il, que grandir encore par l'élévation, au siège épiscopal de Metz, d'Étienne, autre frère de la comtesse Agnès.

-----

(1) Bénédictins, *Hist. de Metz*, II, p. 220. Adalbéron IV n'était nullement, comme le croyait MEURISSE (*Hist. des évêques de Metz*, p. 388), de la maison de Luxembourg. Il y avait alors Adalbéron, fils de Conrad, comte de Luxembourg, qui était princier de l'Église de Metz; mais il mourut au siège d'Antioche en 1098. Cf. BERTHOLET, III, p. V.

(2) BERTHOLET, III, p. 396 et p. justif., p. XLIX-L.

Princier et archidiacre en 1112 (1), Étienne de Montbéliard fut nommé évêque de Metz en 1119, l'année même de l'élévation de Guy de Vienne, son oncle, au siège apostolique de Saint-Pierre sous le nom de Calixte II. La cérémonie du sacre d'Étienne se fit en 1120 à Rome par le nouveau pape, qui le décora du pallium et le créa cardinal. Mais, tant que la division subsista entre l'Empire et le sacerdoce, il ne fut pas possible au nouvel évêque de prendre possession de son évêché, parce que la ville de Metz tenait alors pour l'Empereur contre le pape légitime. La paix ayant été enfin conclue à Worms le 23 septembre 1122, Étienne reçut l'investiture par le sceptre et prit possession de son Église (2).

On n'est pas d'accord sur la date de son élévation à la dignité cardinalice. D'après Meurisse (3), ce serait en décembre 1124; mais, cette date, qui coïncide avec la mort de Calixte II survenue le 13 décembre 1124, n'est guère probable. Tout semble indiquer, au contraire, que c'est lors de sa nomination à l'évêché de Metz, en 1119 ou 1120, que le Souverain Pontife le créa en même temps cardinal-diacre de Sainte-Marie in Cosmedin (4).

---

(1). L. VIELLARD, *Docum.*, etc., p. 182.

(2) Bénédictins, *Hist. de Metz*, II, p. 231.

(3) MEURISSE, *Hist. des év. de Metz*, p. 393. Metz, 1634.

(4) On peut donc admettre pour exacte l'indication de l'*Annuaire pontifical catholique* de Mgr A. BATTANDIER, qui fixe la création comme cardinal à l'année 1119. Mais on ne peut considérer de même la partie de la notice consacrée à Étienne de Montbéliard, suivant laquelle il se serait fait moine à Cluny et y aurait vécu saintement quarante-trois ans. La suite de

Le comte Herman II, en sa qualité de voué de
l'abbaye de Senones, devint ainsi le feudataire de
son beau-frère. Dans le titre constatant la dédicace
de l'église de l'abbaye de Senones par l'évêque
Étienne, le 22 juin 1124, figurent comme témoins
laïcs : le comte Herman, voué de l'abbaye, le comte
Conrad de Langenstein et les seigneurs Bencelin de
Turquestein, Conon de Buriville, Rainier de Domjevin, Rainier de Badonviller et Richer de Mainil (*Mas-
nil*). L'acte mentionne le nom du père de l'évêque
Étienne, le comte Thierry, et son oncle maternel, le
seigneur Guy de Vienne, devenu pape de Rome (1).

En 1125, Herman (2), comte de Salm et voué de
l'abbaye de Senones, souscrit, à la suite de ses deux
beaux-frères, Renaud, comte de Bar, et Frédéric de
Ferrette, un acte par lequel Étienne de Montbéliard-
Bar, évêque de Metz, décharge l'abbé Antoine de
certains services ou certaines redevances et recon-

---

cette étude montrera, d'accord avec tous les historiens de
Metz, que l'évêque-cardinal Étienne a gouverné le temporel
de l'évêché de Metz sans interruption quarante-trois ans, étant
mort le 29 décembre 1163. — On peut consulter sur l'évêque
Étienne, Ruperti, *Bischof Stephan von Metz* dans le *Jahrbuch
de la Soc. de Metz*, année 1910, p. 1-96 ; et le compte rendu dans
la *Bibliographie lorraine*, 1911-1912, p. 36-37.

(1) D. Calmet, I, col. 439, col. CCLXXV. — *Hist. de l'abb.
de Senones*, éd. Dinago, p. 76.

(2) C'est bien certainement par suite d'une confusion,
fréquente à cette époque, entre *Herimanus et Henricus*, que
Dom Calmet écrit Henri au lieu de Herman. Il ne saurait en
effet être question, en 1125, de Henri Ier comme voué de
Senones, d'abord parce que ce titre appartient à Herman
jusqu'à sa mort vers 1135 et ensuite parce que Henri, fils
puîné, devait être alors à peine adolescent.

naît que ce n'était pas l'abbaye (c'est-à-dire l'abbé
et le monastère de Senones), mais le ban de Senones
pour les deux tiers et les bans de Vipucelle et de Plaine
pour l'autre tiers, qui avaient la charge de ces servitudes (1). On saisit ainsi la distinction, établie par
l'évêque suzerain, entre le monastère proprement
dit et les bans des localités, dont l'ensemble formait le territoire de l'abbaye de Senones que le voué
tenait en fief de l'évêque de Metz.

Le 6 janvier 1127, Herman II, voué de Senones,
signe le titre de fondation du prieuré de Moniet.
Pour la dotation de ce nouveau monastère, l'évêque
Étienne de Montbéliard-Bar donne la place située au
pied de son *château de Deneuvre*, le jardin, le pré et
deux ménages de serfs établis près de cet emplacement; deux autres ménages de serfs à Vacqueville
et deux à Nossoncourt (2). Il fait remise aux religieux
de 20 sols que l'abbaye de Senones payait annuelle-
ment pour la garde du château de Deneuvre, et du
sel ou de l'argent que l'abbaye lui devait pour droit
de saline à Vic (3).

Ce titre est important surtout pour établir ce fait
que le château et la terre de Deneuvre faisaient partie des domaines de la famille de Montbéliard-Bar,
héritière des anciens ducs de Haute-Lorraine. Les

---

(1) D. CALMET, IV, col. CCLXXVII. — *Hist. de l'abb. de
Senones*, éd. Dinago, p. 85-86.

(2) Vacqueville, village à 8 km. N.-E. de Baccarat. — Nossoncourt, à 8 km. au S.-O. de Baccarat et à égale distance
de Rambervillers.

(3) D. CALMET, IV, col. CCLXXXV. — *Hist. de l'abb. de
Senones*, éd. Dinago, p. 82.

donations de l'évêque Étienne témoignent que c'est
à titre d'héritage paternel, et non comme biens de
l'évêché de Metz, qu'il possédait Deneuvre, comme
d'ailleurs les autres parties de la donation. Aussi,
cette charte de fondation est-elle signée et scellée,
non seulement par le donateur assisté d'Adelo, abbé
de Marmoutier, d'Albert, grand prévôt de Saint-
Dié, et d'Adalbéron, princier et archidiacre de Metz,
mais encore par les témoins laïcs suivants, tous de
sa parenté : Herman, comte et voué de Senones, le
comte Godefroy de Castres, Thierry, comte de Montbéliard, Conrad, comte de Pierre-Percée, le comte
Folmar étant préfet (comte-voué) de Metz.

Herman II, avec son fils Herman cette fois (*Comitis Hermani et filii ejus Hermani*), assiste encore
comme témoin à l'acte de donation du fief de Basemont, daté de l'an 1130, donation faite à l'abbaye
de Senones par l'évêque Étienne, du consentement
de Gérard de Basemont et de sa femme (1).

Jusque-là, les relations de Herman II avec son
suzerain et beau-frère l'évêque Étienne paraissent
avoir été normales; mais, à partir de ce moment, la
situation se modifie et nous voyons le comte de Salm
entraîné à faire cause commune avec le duc Simon Ier
de Lorraine qui, en qualité de petit-fils et successeur
de Gérard Ier d'Alsace, avait naturellement hérité du
ressentiment non encore assoupi de l'ancienne maison
ducale de Haute-Lorraine-Bar. Cette nouvelle attitude

---

(1) D. CALMET, IV, col. CCXC. *Hist. de l'abb. de Senones,*
éd. Dinago, p. 83-84. Basemont, auj. Bauzemont, sur la rive
droite du Sanon, à 11 km. au N. de Lunéville.

du comte Herman II, dont j'essaierai plus loin d'établir les causes, paraît coïncider avec les conflits qui s'élevèrent entre Simon Ier et Albéron de Montreuil, peu de temps après que cet ancien princier de Metz fut élevé sur le siège archiépiscopal de Trèves (1).

Bertholet rapporte qu'Adalbéron, archevêque de Trèves (1130-1152), signala le commencement de son épiscopat « par un acte de fermeté qui fit beaucoup de bruit ». Simon Ier, ajoute-t-il, « avait ravagé l'archevêché de Trèves par des hostilités injustes et, quoiqu'il fût le beau-frère (2) de Lothaire II, ayant récemment épousé, à Aix-la-Chapelle, Gertrude (3), sœur de cet empereur, notre prélat l'excommunia et le renvoya de l'église le jour même de Pâques, lorsqu'on y eut commencé à chanter l'évangile » (4).

Baldéric nous apprend, en effet, qu'à une diète tenue à Aix-la-Chapelle par le roi Lothaire, à l'occa-

---

(1) L'élection avait été assez irrégulière et longtemps le roi d'Allemagne, Lothaire de Supplinbourg, hésita à le reconnaître. Il finit pourtant par y consentir dans une assemblée tenue à Aix-la-Chapelle, en avril 1132 ; il donna à l'élu l'investiture par le sceptre. BALDÉRIC, *Gesta Alberonis*, Pertz, SS., t. VIII, p. 251. Cf. Chr. PFISTER, *Hist. de Nancy*, I, p. 115.

(2) Le roi Lothaire (1127-1137) était fils de Gebhard de Supplinbourg et de Hedwige de Formbach (Bavière, près de Passau). A la mort de son mari, Hedwige épousa le duc de Lorraine Thierri Ier, et de ce mariage naquit le duc Simon Ier. Celui-ci n'était donc pas le beau-frère, mais le demi-frère de Lothaire II. Cf. Chr. PFISTER, *Hist. de Nancy*, I, p. 115.

(3) Elle s'appelait non pas Gertrude, mais Adelaïde ou Adeleis, fille de Gebhard de Supplinbourg et d'une femme autre que Hedwige de Formbach, par conséquent, demi-sœur de Lothaire II. Ém. DUVERNOY, *Catalogue des Actes des Ducs de Lorr.*, 1915, p. 62.

(4) BERTHOLET, *Hist. du Duché de Luxemb.*, IV, p. 41.

sion des fêtes de Pâques de l'an 1132, l'archevêque
de Trèves, Albéron, excommunia le duc Simon le
jour de Pâques (10 avril) et l'obligea à sortir de
l'église (1).

Cette même année 1132, Simon Ier fait savoir qu'il
est venu à l'assemblée qui s'est tenue à Thionville
pour établir la paix, et où se trouvaient l'archevêque
de Trèves, les évêques Étienne de Metz, Henri de Toul
et Adalbéron de Verdun, et une grande foule de clercs
et de laïcs de Haute-Lorraine. Là, le duc Simon,
du consentement de sa femme Adelaïde et de son fils
Mathieu, renonça aux redevances qu'il prélevait injustement sur les terres de l'église de Saint-Dié, en particulier aux tailles que ses ministériaux levaient sur
le village de Coincourt, dépendance du chapitre (2).

Albéron, archevêque de Trèves, de son côté, fait
savoir au chapitre de Saint-Dié qu'étant venu à
l'assemblée de Thionville, le duc Simon a renoncé à
ses prétentions injustes sur l'église de Saint-Dié et,
en conséquence, a été relevé de l'excommunication (3).

A côté de ces faits établis par des documents
authentiques, un écrivain du xvie siècle, Jean
d'Aucy (4), dans une histoire des ducs de Lorraine

---

(1) BALDÉRIC, *Gesta Alberonis*, ch. XIII, *Monum. 88.*,
t. VIII, p. 251. Cf. Ém. DUVERNOY, *Ibid.*, p. 45.

(2) Orig. Bibl. Nancy, coll. de chartes, n° 5, parch. de
309 mm. de haut sur 383 mm. de large, avec sceau plaqué en
cire vierge. Ed. RIGUET, *Docum. Hist. lorr.*, t. I, p. 12. Ém. Du-
VERNOY, *Ibid.*, p. 46.

(3) D. CALMET, *Hist. de Lorr.*, II, pr., col. 298. Ém. Du-
VERNOY, *Ibid.*, p. 47.

(4) Jean d'Aucy, cordelier de Nancy, confesseur des ducs

écrite vers 1540, fournit sur la lutte entre Simon I**er**
et l'archevêque Albéron des détails puisés, croit-on,
dans des chroniques lorraines aujourd'hui perdues et
dont, par suite, il n'est pas possible d'apprécier la
valeur. Comme l'a fait remarquer M. Chr. Pfister,
l'éminent historien de Nancy, c'est aux matériaux
réunis par Jean d'Aucy que Richard Wassebourg
a emprunté ses biographies ducales, dans ses *Antiquitez de la Gaule belgique*, publiées en 1549. Et le
père Benoît Picart, en 1704, donne, en l'abrégeant, le
récit de Jean d'Aucy, dans l'*Origine de la très illustre
Maison de Lorraine*, récit reproduit tel quel par
Dom Calmet.

Une partie de ce récit intéresse trop vivement notre
sujet pour nous permettre de le passer sous silence.
Nous l'empruntons au texte publié par M. Chr. Pfister, d'après les manuscrits de la bibliothèque de
Nancy :

Cependant Adelbero, archevêque de Trèves, s'estant
attribué le titre de duc de Lothreine (1), accompagné
d'Estienne, evesque de Metz, Regnault, comte de Bar,

François I**er** et Charles III. Sur ce personnage, voir D. **Calmet,**
Bibl. lorr., col. 63; A. **Collignon,** *Une Source de Jean d'Aucy,*
A. D. E., 1894, p. 582. Il existe à la Bibl. de Nancy, sous les
n**os** 727 (81) et 728 (30), des copies des xvii**e** et xviii**e** siècles
de son *Hist. des Ducs de Lorr.,* restée manuscrite, bien que
D. Calmet prétende que l'ouvrage a été imprimé en 1566.
Cf. Chr. **Pfister,** *Hist. de Nancy,* I, p. 116.

(1) M. Chr. **Pfister** fait remarquer en note (5) que ceci
est entièrement faux. Albéron, élu archevêque de Trèves en
1131, ne semblant jamais avoir eu une pareille ambition. Il
n'en est peut-être pas de même du comte de Louvain.

Gotfroy, comte de Louvain (1), et d'autres princes, veint assaillir Lothreine, de quoy adverty le duc Symon de Nancey et que ses ennemys estoient en la Champaigne auprès de Sirk, au nombre de dix milles hommes pour le moins sans les gens de chevaulx, sur l'heur dudit advertissement faict, le duc Symon ayant avecque luy le duc de Bavière (2), les comtes palatin (3) et de Salm, et autres princes, feit sortir de ce lieu tous ses gens qui estoient en nombre quinze milles hommes sans les gens de chevaulx. Le camp sorti de Nancey, estant au champs, marchèrent droict pour trouver les ennemys, lesquelz trouvez par deux fois rompirent en batailles rengées, l'une auprès de Marcres (4), et l'autre auprès le chasteau Jules (5), et descendant en la possession de l'evesque, prit plusieurs places fortes; enfin, par le moyen de Lothaire II du nom et en l'ordre des empereurs le Ier (6), l'archevesque eust paix et accord avecque le duc Symon; laquelle toutefois peu dura de la part du duc Symon; car peu de jours après, courut toutes les terres de l'église de Trèves, et par force d'armes occupa toutes les terres limitrophes de ses pais. De quoy grandement indigné, Adelbero, archevesque de Trèves, en moins de quinze jours, ayant levé hastivement une armée, l'envoya soubs la charge de Gotfroy le jeune, comte de Falkemont, son cousin, en Lothreine, où à sa venue se rencontrant dessus l'armée du duc Symon, son ennemi, auprès de

---

(1) Le comte de Louvain est Godefroy VII, duc évincé de Basse-Lorraine.

(2) Henri VIII le Superbe, duc de Bavière, était gendre du roi Lothaire II.

(3) Le comte palatin était Guillaume de Ballenstedt; il s'était opposé à l'élection d'Albéron.

(4) Mackeren, canton de Saint-Avold.

(5) Serait-ce Keskastel, *Cæsaris castellum*, en Basse-Alsace? Question posée par M. Pfister.

(6) Ceci est une erreur. Il avait le titre de Lothaire III, et était le second (II) empereur de ce nom.

Toul, l'assaillit si vigoureusement qu'il la meit en route et feit tourner les espaules au gens du duc Symon. Lequel, voyant les siens tournez en fuite, et luy mesme et le *conte de Salm* chascun blessé de trois playes, deliberant de se saulver aussi avecque aucuns barons, et de faict s'enfuirent et se retirent dedans Nancey. Le conte demeure victorieux en la campaigne, poursuivit la victoire et, le jour ensuivant, se meist au siege à l'entour de Nancey si que personne n'en pouvait sortir n'entrer dedans. Cependant Estienne, evesque de Metz, et Regnault, conte de Bar, ayans entendus l'envahissement faict en Lothreine par le comte de Falkemont, contredit (1) dedans le pais jusques à Lambourg qu'il acquit et autres chasteaux du domaine de l'eglise de Metz que le duc Symon avait occupez (2).

----

(1) *Contredit,* c'est-à-dire *pénétra en ennemi.* La phrase exigerait *contredirent.*

(2) Manuscrits nᵒˢ 727 (81) et 728 (30) de la Bibl. de Nancy. Chr. PFISTER, *Hist. de Nancy,* I, p. 119. A côté de l'*Epitome* de J. d'Aucy, dont l'origine et l'authenticité sont reconnues, certains auteurs, à partir de la fin du xviiiᵉ siècle, ont utilisé des chroniques, ou plutôt des fragments de chroniques, dont la provenance est restée mystérieuse et qui sont ainsi désignées : 1° *Les Mémoires d'Errard,* valet de chambre du duc Thiébaut, écrits vers 1213 ; 2° *Les Mémoires de Louis d'Haraucourt,* évêque de Verdun, 1456 ; 3° *Les Coupures de Bournon,* président des assises de Saint-Mihiel, 1591 ; 4° *Les Mémoires de Florentin le Thierrat,* avocat du bailliage des Vosges, à Mirecourt, 1640. Or, ces mémoires sont apocryphes et ont été fabriqués, tous quatre, par le même faussaire, vers la fin du dix-huitième siècle. Ce faux a été signalé pour la première fois par M. G. SAVE, dans le *Bulletin de la Société philomatique vosgienne,* 1895-1896, p. 326-328 ; ensuite, par M. R. HARMAND, dans les *Mémoires de la Société d'Archéologie lorraine,* 1909, p. 101-128 ; par M. Léon GERMAIN DE MAIDY, dans le *Bulletin* de la même Société, 1911, p. 103-117 ; par M. Chr. PFISTER, dans *La Lorraine, le Barrois et les Trois-Évêchés,* Paris, 1912, p. 16-17. Je m'abstiendrai donc de citer ceux des textes utilisés de bonne foi par Digot, I, p. 316, qui concernent le comte de

Comme nous l'avons dit, ce récit a été utilisé **au
xviii**e siècle par les historiens lorrains Benoît **Picart**
et Dom Calmet. Les auteurs allemands du xixe siècle
les ont naturellement imités. Jaffé (1), en racon-
tant, sous l'année 1131, les luttes entre Albéron,
archevêque de Trèves, et Simon, duc de Lorraine,
traduit le texte de Benoît Picart sans se préoccuper
de la source où celui-ci avait lui-même puisé.
Huhn (2), dont le récit offre quelques légères variantes, laisse supposer, en l'absence de toute réfé-
rence, qu'il a utilisé en outre les faux *Mémoires* que
nous nous contentons de signaler en note.

Après une étude très attentive de cette période
extrêmement importante pour l'histoire des premiers
comtes de Salm, j'estime, avec M. Chr. Pfister, que
le récit de J. d'Aucy relatif à une guerre entre l'archevêque Albéron et le duc de Lorraine ne repose sur
aucune donnée certaine, et que dès lors les détails
fournis par cet auteur du xvie siècle ne sauraient
être utilisés que comme des indications dont l'exactitude n'est pas démontrée.

Les auteurs messins donnent heureusement sur

Salm. J'applique la même exclusion à l'*Histoire de Lorraine,*
de Chevrier, à juste titre tenue pour suspecte. Voir au sujet de
Chevrier Chr. Pfister, *La Lorr., le Barrois et les Trois-Évêchés,* p. 32. Je profite de l'occasion pour remercier M. Ém.
Duvernoy, le savant archiviste de Meurthe-et-Moselle, président de l'Académie de Stanislas, d'avoir bien voulu appeler
mon attention sur toutes ces publications suspectes.

(1) Jaffé, *Geschichte des deutschen Reiches unter Lothar
dem Sachsen,* Leipzig, 1843, p. 113.

(2) Huhn, *Geschichte von Lothringen,* Berlin, 1877, t. I,
p. 135-138.

cette période des renseignements, tirés de la chronique
épiscopale de Metz, qui se rapportent à des conflits
où nous voyons aux prises le duc Simon et l'évêque
de Metz, Étienne, allié à Renaud Ier, comte de Bar,
c'est-à-dire la nouvelle maison ducale contre les héritiers des anciens ducs de Haute-Lorraine, dont les
droits, par le mariage de Sophie, l'une des deux filles
du duc Frédéric II, étaient passés dans la maison de
Montbéliard-Bar-Mousson.

Nous apprenons ainsi que le duc Simon s'était
emparé des châteaux de Mirebaux, Fauquemont, Deneuvre, et que ces châteaux furent repris au duc de
Lorraine par l'évêque Étienne assisté du comte de
Bar, son frère (1).

Il semblerait que dans ce conflit le comte de Salm,
Herman II, dût se trouver aux côtés de ses beaux-
frères. Or, on a la surprise de constater qu'au contraire, et sans égard même à sa situation de vassal
de l'évêché de Metz, il s'était rangé sous la bannière
du duc Simon. Le passage suivant de la chronique
épiscopale de Metz ne laisse aucun doute à cet égard :

« Le château de Pierre-Percée, appartenant aux
comtes de Salm, était alors la terreur du pays, parce
qu'il servait de retraite à des brigands qui faisaient
mille ravages dans les campagnes et arrêtaient les
voyageurs. Étienne en forma le siège, dressa trois
forts autour de la place pour empêcher d'y faire
entrer ni vivres ni secours. Il la tint ainsi investie plus
d'un an et la força de se rendre (2). »

---

(1) MEURISSE, p. 397.
(2) Chron. episcop. Met., *Spicilège*, t. VI, p. 661. Bénédictins,

Au cours des hostilités entre le duc de Lorraine, d'une part, l'évêque Étienne, assisté du comte Renaud de Bar, de l'autre, le duc Simon, d'accord avec son allié le comte de Salm, aura fait occuper le château de Pierre-Percée par des troupes chargées de ravager et de rançonner les terres voisines de l'évêché de Metz, y compris sans doute l'abbaye de Senones. De là, l'acharnement de l'évêque Étienne au siège de cette forteresse, qu'il aurait dirigé lui-même, et dont le souvenir est resté vivace dans la tradition locale.

Cet événement, à mon avis, a dû se produire en 1135 ou 1136, époque coïncidant avec la mort prématurée du comte Herman II et de son fils aîné Herman III.

A quoi attribuer maintenant la détermination prise par le comte Herman II d'entrer dans une ligue qui le mettait dans l'obligation de lutter contre ses puissants beaux-frères? Cette grave et fatale résolution doit, à mon sens, être attribuée à deux causes principales : d'une part, la situation spéciale où se trouvait alors le comté de Luxembourg; d'autre part, les liens de parenté qui s'étaient établis entre le frère puîné de Herman II, le comte Otton de Rineck, et l'empereur Lothaire II, ainsi qu'avec le demi-frère de ce dernier, le duc Simon Ier de Lorraine.

Hist. de Metz, II, p. 269. D. CALMET, II, col. 74, 1ʳᵉ éd. L'un de ces forts se trouvait sans doute sur l'emplacement des ruines dites du château de Damegalle, sur le versant occidental du rocher de la *Pierre-à-Cheval;* le deuxième paraît avoir été établi à la *Roche des Corbeaux,* à l'ouest du château de Pierre-Percée qu'elle domine de loin; l'emplacement du troisième doit être cherché du côté de la vallée de Celles.

Nous avons vu, en effet, que Otton, par son mariage avec Gertrude de Nordheim, était devenu le beau-frère de l'impératrice Richenza, épouse de Lothaire II; que ce lien de parenté fut encore resserré par le mariage de Sophie, fille du comte Otton de Rineck, avec Thierry, comte de Hollande, neveu du duc Simon Ier de Lorraine et de Lothaire II.

Voici maintenant quelle était alors la situation du comté de Luxembourg, dont relevait, il ne faut pas l'oublier, le comté de Salm-en-Ardenne, le seul qui existât au XIIe siècle et dont la possession faisait du comte de Salm un vassal du comte de Luxembourg.

Le comte Conrad qui, en 1128, avait succédé à son père, le comte Guillaume, était d'une complexion délicate et, bien que marié, n'avait point d'enfant (1). A sa mort, qui semblait proche, la branche masculine des aînés de la maison de Luxembourg serait éteinte. La plus proche héritière de cette branche était Ermenson (2), fille de Conrad Ier et, par conséquent, cousine germaine du comte Herman II. Celui-ci pouvait donc se considérer comme l'héritier présomptif de la couronne comtale de Luxembourg, et, si les anciennes lois franques et germaniques qui excluaient les femmes du pouvoir souverain y avaient été strictement en vigueur, la succession au comté de Luxembourg serait revenue de droit au comte Her-

---

(1) BERTHOLET, III, p. 413 et 415.

(2) Ermenson de Luxembourg avait été mariée, en premières noces, à Albert, comte de Dagsbourg et de Moha, et en secondes noces à Godefroy, comte de Namur, mort en 1139.

man II de Salm, le représentant le plus proche de la branche cadette. Le comte Gislebert, l'ancêtre commun, était, en effet, le grand-père paternel de Herman, comme celui d'Ermenson.

Mais, pour entrer en possession du comté de Luxembourg, qui selon toutes probabilités lui serait disputé par le mari ou le fils d'Ermenson, l'appui du roi des Romains dut paraître au prétendant comme un élément indispensable de réussite. Aussi, à partir de l'année 1128, trouvons-nous souvent le comte de Salm parmi les seigneurs de la cour, où son frère, le comte palatin Otton de Rineck, tient l'un des premiers rangs pendant toute la durée du règne de Lothaire II.

Herman II et son fils Herman III figurent comme témoins dans une charte datée du 27 décembre 1128, à Worms, où Lothaire passait la fête de Noël et tenait une assemblée (1). De Worms, le comte de Salm accompagne le Roi à Strasbourg où, le 20 janvier 1129, il signe comme témoin une charte par laquelle Lothaire affranchit les bourgeois de cette ville de toute juridiction étrangère (2). Quand déjà, le 21 janvier, Lothaire quitte Strasbourg, les comtes Herman de Salm et Otton de Rineck l'accompagnent. Le 10 février, ils sont à Cologne, et le 8 mars 1129 dans la ville royale de Duisbourg, où ils figurent tous deux comme témoins dans une charte, donnée à cette

------

(1) W. BERNHARDI, *Lothar von Supplinburg*, p. 196.

(2) *Ibid.*, p. 212. SCHŒPFLIN, *Als. dipl.*, I, 207. GRANDIDIER, *Hist. d'Alsace*, II, 274. Cf. VIELLARD, *Doc. et Mém.*, etc., p. 243.

date par Lothaire en faveur des bourgeois de cette
ville (1).

L'année suivante, nous retrouvons le comte Herman II en compagnie du roi Lothaire à Strasbourg
où, le 17 février 1130, il signe une charte en faveur de
l'abbaye d'Hirsau (2).

Au mois de mars 1131, le comte Herman II et son
fils aîné sont présents à Liége, où le roi Lothaire et
la reine Richenza s'étaient rendus pour recevoir le
pape Innocent II et tenir la diète. Ils y signent
comme témoins, à la suite du duc Simon de Lorraine,
un diplôme de Lothaire, daté du 29 mars 1131, pour
l'abbaye de Beuron (3). De Liége, le comte Herman
et son frère Otton de Rineck accompagnent le Roi et
la Reine à Trèves pour les fêtes de Pâques. Le 13 avril
1131, ils sont à Stavelot, et le 19 avril, àe Trèves
Dans l'entourage du Roi, on remarque en outre les
évêques Étienne, de Metz, Henri, de Toul, le comte
palatin du Rhin, Guillaume, le comte Conrad de
Luxembourg, Renaud de Mousson. Ceux-ci, de même
que Herman II de Salm et son frère Otton de Rineck,
figurent comme témoins dans la charte, dressée le
23 avril 1131 à Trèves, par laquelle Lothaire II
confirme les droits de l'abbaye d'Echternach (4).

____

(1) W. Bernhardi, *Lothar*, etc., p. 216. Stumpf, n° 3241.

(2) *Ibid.*, p. 255. *Wirt. Urkundenbuch*, I, 381, n° 301.
Les témoins sont Welf, frère du duc de Bavière; Hugues,
comte de Dagsburg; Wernher, comte de Habisburg; Herman, comte de Salm; Folmar, comte de Huniburg, et Robert.

(3) *Ibid.*, p. 354. Ém. Duvernoy, *Mém. S. A. L.*, 1912, p. 140.
Beuron ou Beuren, abbaye bénédictine de la Haute-Bavière.

(4) *Ibid.*, p. 366-367. Hontheim, 1516. Gœrz, *Mtrh.
Reg.* I, p. 499. Bertholet, III, pr., p. LIV.

Nous ignorons si le comte de Salm était présent à l'assemblée tenue à Aix-la-Chapelle, en 1132, à l'occasion des fêtes de Pâques. Nous y relevons la présence de l'archevêque de Trèves, Albéron de Montreuil, auquel Lothaire donna l'investiture, bien qu'il eût, contre la volonté du Roi, été consacré auparavant par le pape Innocent II. L'évêque Étienne de Metz, principal instigateur de l'élection assez irrégulière d'Albéron, était également présent. Parmi les seigneurs laïques, les ducs Simon, de Haute-Lorraine, et Waleran, de Basse-Lorraine, sont nommés, et il est probable que le comte de Salm et son frère, le comte Otton de Rineck, assistaient également à la diète. C'est à l'occasion de cette assemblée que le nouvel archevêque de Trèves, Albéron, excommunia le duc Simon Ier et que, le jour de Pâques (10 avril 1132), devant la cour réunie, il l'obligea à sortir de l'église pendant la lecture de l'évangile (1).

Il est évident que cet affront public, en présence même de la cour sympathique au demi-frère du roi, n'améliora pas la situation déjà manifestement tendue entre l'archevêque Albéron et l'évêque Étienne de Metz, d'une part, et le duc Simon Ier de Lorraine, de l'autre. Comme nous l'avons vu, l'excommunication fut levée dans une réunion organisée à Thionville en vue de la paix; l'acte intervenu mentionne, outre l'archevêque de Trèves, les évêques suffragants, Étienne, de Metz, Henri, de Toul, et Adalbéron, de Verdun (2).

---

(1) W. BERNHARDI, *Lothar v. Suppl.*, p. 426-427.

(2) *Ibid.*, p. 429-430 et 843. Voir *supra*, p. 48-49. L'acte est

Le 8 novembre 1133, Lothaire, couronné empereur
à Rome le 4 juin précédent, et l'impératrice Richenza sont à Bâle, accompagnés d'un grand nombre
de nobles parmi lesquels le duc Simon de Lorraine.
De Bâle, la cour se dirigea, par Strasbourg, sur Cologne où, le 1er janvier 1134, le comte Herman II de
Salm signe, comme témoin, une charte par laquelle
Lothaire II transporte, au comte Otton de Rineck,
la vouerie du couvent de l'île rhénane de Rolands-
werth, conformément au désir de l'abbesse et de l'impératrice Richenza (1).

Dans une charte de Lothaire II, datée de Buxtehude (2) le 11 juillet 1135, figurent comme témoins
Hermannus et *Otto de Rinegge*. Bernhardi émet l'idée
que le premier pourrait être le comte Hermann de
Wintzenburg que, dans ce cas, l'Empereur aurait
relâché de sa détention (3). Or, ce nom précédant
immédiatement celui du comte Otton de Rineck, on
pourrait, avec plus de vraisemblance, semble-t-il, $\bar{y}$
voir celui du comte Herman II de Salm. Ce serait
alors le dernier acte connu de l'empereur Lothaire II
où figurerait ledit Herman II.

Les deux frères, Herman II et Otton de Rineck,
apposent encore une fois ensemble leurs sceaux à une

---

daté : *an. dom. incarnat. 1132, indict. 10, ap. sedi præsidente
domino papa Innocentio II, regn. Rom. imp. Augusto Lo-
thario II, anno ordinationis nostræ 2.* Selon W. BERNHARDI,
p. 843, cet acte fut dressé entre le 7 et le 24 mars 1133.

(1) *Ibid.*, p. 510 et 522. BŒHMER, *Acta imp.*, 74. GŒRZ,
p. 506. Rolands- ou Nonnenwerther, sur une île du Rhin.

(2) Buxtehude, entre Bardovick et Stade.

(3) W. BERNHARDI, *Lothar v. Suppl.*, p. 570.

charte d'Adalbert, archevêque de Mayence, confirmant les privilèges de la bourgeoisie de Mayence. L'acte est daté : *1135, ind. 13, regn. 9, imp. 2* (1).

C'est le dernier acte témoignant que le comte Herman II de Salm vivait encore, car celui qui va suivre ne prouve pas qu'à sa date il fût encore en vie. Il s'agit d'une bulle, datée de Pise, le 10 juin 1135, par laquelle le pape Innocent II confirme les possessions de l'abbaye de Hugueshoffen, entre autres les dons du comte Conrad de Pierre-Percée, du comte *Herman de Salm* et de son épouse, la comtesse Agnès de Montbéliard. Ces donations concernent les églises de Landage, Parux et Vathiménil... *Ecclesiam ejusdem villæ, quam dedit Cunradus comes, Erimannus comes cum uxore sua Agneta* (2).

Nous sommes ainsi amenés à fixer la mort du comte Herman II entre les années 1135 et 1138, une charte, dont il sera question plus loin, attestant qu'à cette dernière date la comtesse Agnès était veuve. C'est au cours de cette période que doivent être placées les hostilités entre le duc de Lorraine et le comte de Salm, d'une part, l'évêque de Metz et le comte de Bar, de l'autre, et dont l'épisode principal est le siège du château de Pierre-Percée. Il est en effet très frappant qu'aucun de ces belligérants ne fît partie de l'expé-

---

(1) GUDEN, *Codex dipl.*, I, 120. *Dom v. Mainz*, I, 332. GŒRZ, I, p. 508. SERR., *Rer. Mog*, 547. WILL, *Reg. der Erzb. v. Mainz*, I, p. 300, n° 278.

(2) SCHŒPFLIN, *Als. dipl.*, I, 208. L. VIELLARD, *Documents*, etc., p. 224. Hugueshoffen, plus tard Hegesheim, Hugoncourt et Honcourt, abbaye fondée vers l'an 1000, dans le val de Viller, près du château d'Eguisheim.

dition que, sur les instances du pape Innocent II, l'empereur Lothaire II dirigea contre le roi Roger de Sicile en 1136 (1).

Benoît Picart, il est vrai, dit qu'il y a quelque apparence que Simon Ier ait fait ce voyage d'Italie; car ce prince « donne à l'abbaïe de Sturzelbronn le « bois nécessaire pour les bâtiments et les chariots, à « prendre dans son bois de Vasgaër, en action de grâce « de son heureux retour d'Italie l'an 1138 (cart. du « président Alix) » (2). Or, aucun des nombreux documents contemporains consultés par l'auteur de *Lothar von Supplinburg* ne fait mention ni du duc Simon, ni de l'évêque de Metz, ni des comtes de Bar et de Salm. Et cependant, le duc Simon, demi-frère de Lothaire II, occupait une situation trop élevée pour être resté inaperçu et pour que son nom n'ait pas eu l'occasion d'être mentionné. La preuve invoquée par Benoît Picart ne saurait trancher la question. Tout d'abord le retour de l'armée impériale n'eut pas lieu en 1138, mais en novembre 1137, puisque Lothaire II mourut, sur le chemin du retour, le 4 décembre 1137 (3).

Si l'acte de donation en faveur de l'abbaye de Sturzelbronn est authentique, le voyage d'Italie invoqué pourrait s'appliquer à celui effectué par Lothaire en vue de son couronnement, qui eut lieu à

_____

(1) *Lothar v. Suppl.*, p. 649 et suiv.

(2) Benoît PICART, *Hist. de Toul*, p. 223.

(3) *Lothar v. Suppl.*, p. 785-786. Il mourut dans un petit village du Tyrol du nom de Breitenwang, proche de la frontière de Bavière.

Rome le 4 juin 1133. Cette expédition dura de septembre 1132 au mois d'août 1133, et, le 8 novembre 1133, le duc Simon est mentionné dans l'entourage de Lothaire II et de l'impératrice Richenza présents à Bâle (1).

Je considère donc, comme une preuve négative très sérieuse, l'absence de toute indication, dans les documents contemporains, pouvant laisser supposer que le duc Simon de Lorraine et l'évêque Étienne de Metz se soient trouvés parmi les seigneurs accompagnant l'empereur Lothaire II dans sa deuxième expédition d'Italie.

La rupture ouverte et définitive entre ses frères et son second mari fut, sans nul doute, douloureusement ressentie par Agnès de Montbéliard, impuissante à conjurer le danger qui entraînait le comte Herman II dans le parti de la nouvelle maison de Lorraine. Cette nouvelle orientation politique devait d'ailleurs être fatale à la maison de Salm, car c'est précisément à la veille pour ainsi dire de l'ouverture de la succession au comté de Luxembourg (2), que Herman II et son fils aîné Herman III succombèrent dans la lutte meurtrière contre l'évêque Étienne de Metz et le comte de Bar. Le champ restait ainsi libre pour l'accession, sans difficulté, au siège comtal, du fils d'Ermenson, Henri, comte de Namur, connu sous le nom de Henri l'Aveugle.

---

(1) *Lothar v. Suppl.*, p. 510.

(2) Conrad II, comte de Luxembourg, mourut en 1136, sans postérité, et fut inhumé dans l'abbaye de Munster. BERTHO-LET, III, p. 420.

Après ces tragiques événements, qui la laissèrent veuve pour la deuxième fois, la comtesse **Agnès** semble s'être confinée dans ses terres de Blâmont et de Pierre-Percée, et avoir passé le reste de son existence dans l'accomplissement d'œuvres de **piété**, vivant surtout avec les souvenirs de son premier mariage, au point que dans les documents qui **nous** sont parvenus, il est souvent difficile de distinguer **la** comtesse de Salm sous la dénomination habituelle d'Agnès de Langenstein qui lui est restée.

L'acte de donation de 1138, en faveur de l'abbaye de Saint-Sauveur, est caractéristique à cet **égard.** Dédaignant le titre de comtesse de Salm, qui **lui** revenait de droit, elle s'y qualifie simplement *comtesse Agnès* ; et, comme il fallait confirmer des donations faites antérieurement par le comte **Herman,** son second mari, avec l'assistance probable de **leur** fils aîné Herman III, la donatrice les mentionne seulement comme ses prédécesseurs, en les qualifiant, on ne sait trop pourquoi, de princes, titre qui, il **est** vrai, se justifie par leur origine royale, mais qu'ils ne portaient pas de leur vivant. En revanche, la comtesse Agnès se complaît à rappeler le souvenir de son premier mari, le comte Godefroy, et celui de leur fils Guillaume, mort jeune et inhumé à Raonlès-Leau. Pour bien marquer que, dans les donations antérieures, les princes de Salm ne sont intervenus que pour la forme, elle spécifie que les terres qui **en** font l'objet sont à elle personnellement, soit qu'elles fussent de son patrimoine, soit qu'elles fissent partie de son douaire à elle constitué par son premier mari (1). Parmi les témoins de la donation figure bien un Conrad, qui pourrait être son fils Conrad, comte de Pierre-Percée; mais on y chercherait vainement le nom de Henri, son fils survivant du second mariage (2).

Nous ignorons la date de la mort de la comtesse Agnès; mais une charte de l'évêque de Metz, de l'année 1147, semble indiquer qu'à cette époque elle était encore en vie. Ce document nous apprend en outre que quelques années auparavant (vers 1140), elle avait participé à la fondation de l'abbaye de Haute-Seille avec ses héritiers de Langenstein, d'une part, Bencelin de Turquestein, avec Conon, son fils, Ancelin de Walteringen (3) et Bero de Busnes (4), chevaliers, de l'autre. L'évêque Étienne y déclare que tous ces nobles bienfaiteurs étaient de sa parenté (5). Nous savons que ce prélat était le frère de la comtesse Agnès; mais on ne voit pas quels liens de consanguinité l'unissaient aux autres seigneurs. L. Viellard croit que Bencelin de Turquestein était

------

(1) Agnès de Langenstein, comtesse de Salm, avait établi un péage sur la route qui conduit à Raon-lès-Leau, sans doute parce qu'elle veillait sur son entretien. D. CALMET, I, col. 558 et 559. DIGOT, I, p. 366.

(2) Voir *supra*, p. 30.

(3) Walteringen ou Waltenheim, était près de Saverne.

(4) C'est probablement le lieu appelé Wuenheim, plus tard Bünen, en 1576, près d'Olwiller (Alsace).

(5) Archives de Meurthe-et-Moselle, H. 569. Orig. en parchemin. Cf. H. LEPAGE, *Les Seigneurs, le château, la châtellenie et le village de Turquestein*, p. justif. *Mém. S. A. L.*, 1886, p. 180-182.

le gendre d'Agnès. Mathilde (1), l'épouse de Bencelin, aurait donc été sa fille, et, par suite, la nièce de l'évêque Étienne.

La tradition attribue à la comtesse Agnès le creusement dans la roche, au pied du donjon du château de Pierre-Percée, du grand puits, cette œuvre vraiment merveilleuse pour l'époque, qui a justifié le changement du nom primitif de la forteresse. Que ce travail admirable ait été exécuté sous la direction de la comtesse ou de son fils Conrad de Langenstein, toujours est-il que ce dernier a modifié son titre de comte de Langenstein, qu'il porte encore en 1124, contre celui de comte de Pierre-Percée (*Petra-Perceia*) adopté pour la première fois en 1127, dans la charte de fondation du prieuré de Moniet. On peut donc placer l'aménagement de ce puits dans le premier quart du xiie siècle.

Une autre tradition conservée dans la haute vallée de Celles est ainsi rapportée par H. Lepage, d'après une version qui lui fut communiquée, vers 1840, par le maire de Raon-lès-Leau :

En 1258, la princesse Agnès, comtesse de Salm, fondatrice de l'abbaye de Haute-Seille, fut enterrée, au cimetière qui existe au milieu du village, par Isembaut, ermite de Lamaix. Cette princesse mourut, par suite des blessures qu'elle reçut dans un combat avec les gens

---

(1) Le nom de l'épouse de Bencelin figure dans une charte de l'année 1128 relative à la donation de l'église de Lorquin à l'abbaye de Senones par : *Bencelinus de Truclisten cum uxore sua Mastilde et Cuonone filio et filiabus suis*, avec Gérard, son neveu, et d'autres seigneurs. D. CALMET, IV, pr., col. CCLXXXV.

de l'évêque de Metz, sur un rocher dit la *Pierre-à-Cheval,*
dans des retranchements dont on voit aujourd'hui les
vestiges. Les troupes ennemies occupaient tous les environs, et, pour inhumer son corps en terre saintc, on fut
obligé de traverser toutes les forêts pour arriver au village
de Raon-lès-Leau avec une bien faible escorte (1).

1258 doit, évidemment, être lu 1158. Serait-ce là
l'année de la mort de la comtesse Agnès? C'est fort
possible, puisque nous la trouvons encore en vie
l'année 1147. Pour ce qui touche la cause de sa mort,
le combat avec les gens de l'évêque de Metz est
certainement une légende, mais qui se rapporte
sans nul doute au fameux siège de Pierre-Percée par
l'évêque Étienne. Les retranchements du rocher dit
la Pierre-à-Cheval, dont on voit encore les vestiges,
doivent être ceux désignés sous la dénomination
château de Damegalle, situés, comme nous l'avons
dit, sur le versant occidental de ce rocher qui
domine le col de la Chapelotte.

D'après cette légende, la comtesse Agnès aurait été
inhumée à Raon-lès-Leau, ce qui n'a rien d'invraisemblable, puisque déjà son fils Guillaume y avait reçu
la sépulture. Nous aurions cependant cherché la
sienne plutôt dans l'une ou l'autre des abbayes voisines, Haute-Seille ou Saint-Sauveur, dont elle était
la grande bienfaitrice. Y avait-il, à cette époque, à
Raon-lès-Leau, quelque établissement religieux dépendant de Saint-Sauveur? L'intervention, dans la
circonstance, d'un ermite de Lamaix marque-t-elle

---

(1) H. Lepage, *Le Dép. de la Meurthe, Stat. hist. et adm.*
Nancy, 1843, p. 479-480.

quelque rapport avec cet antique lieu de pèlerinage ?
Je ne puis que poser ces questions, le cadre de mon
travail ne me permettant pas de pousser plus à fond
leur étude.

Le souvenir de la comtesse Agnès est ainsi resté
attaché à deux faits importants de l'histoire du château de Pierre-Percée : au creusement du puits qui,
bien que comblé jusqu'à quelques mètres seulement
de son ouverture, fait encore l'admiration des visi-
teurs, — et au siège du château par l'évêque Étienne,
frère de la comtesse.

Du mariage d'Agnès de Montbéliard et de Godefroy de Langenstein nous paraissent issus :

1º Conrad de Langenstein, devenu comte de Pierre-
Percée ;

2º Guillaume, enterré à Raon-lès-Leau ;

3º Mathilde, épouse de Bencelin de Turquestein.

Conrad, comte de Langenstein ou de Pierre-Percée.
— Il figure, comme témoin, dans les actes déjà mentionnés des années 1124 (dédicace de l'église de Senones) et 1127 (fondation du prieuré de Moniet) (1).

En 1137, il intervient encore dans la charte de donation du comte Hugues (2), de la comtesse Gertrude,
sa femme, et du jeune Hugues, leur fils encore enfant,

----

(1) Voir *supra*, p. 46.

(2) Hugues VII, le donateur, avait un oncle, Brunon, archidiacre de Toul, frère de Hugues VI et d'Albert Iᵉʳ, père de
Hugues VII. C'est donc oncle paternel que l'on doit lire plus
bas. Le jeune Hugues est devenu Hugues VIII, le dernier de
la lignée.

de la chapelle de Laubenheim (1), à l'abbaye de Lure, en Franche-Comté, pour le repos du comte Albert, père du comte Hugues et de Brunon, son oncle maternel. Cette donation fut faite en présence de Gebhard, évêque de Strasbourg, qui l'autorisa par son décret épiscopal, et de Conrad de Pierre-Percée (2).

Le comte Conrad est ensuite mentionné dans la bulle du pape Innocent II. du 11 janvier 1135 (3), et dans une charte non datée de l'évêque Étienne ainsi conçue : « *Stephanus Metensium episcopus... noverit comitissam Agnetem de Languestein cum filiis suis Henrico et Hermanno, consulibus, Conrardum nihilominus comitem, cum uxore sua Havyde et filio Hugone...* » (3). Le rédacteur de cet acte fait ainsi la distinction entre les enfants des deux lits, en appelant consuls les fils du comte de Salm et comte le fils du comte Godefroy de Langenstein; il nous apprend en outre que l'épouse de Conrad se nommait Havyde et qu'ils avaient un fils appelé Hugues. Ce prénom permet de supposer que Havyde appartenait à la famille d'Eguisheim; elle était peut-être la fille de Hugues VII et de Gertrude. La qualité de gendre expliquerait et justifierait l'intervention de Conrad de Pierre-Percée dans l'acte de donation de

---

(1) Laubenheim ou Lauben est un petit village près de Mollkirch, de la paroisse de Grendelbruch.

(2) GRANDIDIER, *Œuvres hist. inéd.*, II, p. 386. Hugues VII était neveu de Hugues VI d'Eguisheim-Dabo, comte du Nordgau, et de Mathilde de Montbéliard, sa femme, celle-ci sœur de Thierry Ier, comte de Montbéliard.

(3) D. CALMET, IV, col. CCCXLIX. L. VIELLARD, p. 251.

la chapelle de Laubenheim par Hugues VII et Gertrude, son épouse, en 1137.

Toutes nos recherches sur la descendance de Conrad de Pierre-Percée et de son épouse Havyde sont restées vaines. Nous ignorons si leur fils Hugues leur a survécu ou s'il est mort sans postérité, comme la suite semble le laisser supposer. Nous allons voir, en effet, le château de Pierre-Percée en la possession du comte Henri II de Salm. Cette seigneurie n'a pu lui appartenir que par héritage ou à la suite d'un arrangement de famille qui ne nous serait pas parvenu. Ce qui est certain, c'est que, dès la première moitié du XIIIe siècle, le château de Langenstein ou Pierre-Percée appartenait à la maison de Salm à titre d'alleu.

*
* *

Du mariage du comte Herman II de Salm et d'Agnès, nous connaissons :

1° *Herman III ;*

2° *Henri Ier* qui continua la lignée;

3° *Thierry*, abbé de Saint-Paul de Verdun, mort le 12 février 1156 (1).

Herman III. — Herman III, l'aîné, mourut jeune et sans postérité. Il figure comme témoin avec son père, dans l'acte de donation de la terre de Basemont, daté de l'an 1130 (*Comitis Hermani*

---

(1) *Gallia Christ.,* XIII, p. 1330.

et filii ejus Hermani) (1), et dans les deux chartes de Lothaire II, déjà mentionnées, l'une datée - de Worms le 27 décembre 1128 et l'autre donnée à Liége le 29 mars 1131. Ce sont les seuls actes connus où il intervient de son vivant. Il est ensuite rappelé dans l'acte de confirmation des biens de l'abbaye de Haute-Seille, de l'année 1174, ainsi que dans l'acte de donation de la forêt d'Everbois, à cette même abbaye, de l'an 1186, où il est encore qualifié de consul (2).

Gravier (3) dit que Herman III avait épousé Berthe, comtesse de Blâmont; mais il n'en fournit aucune preuve, et le comte de Martimprey (4) ne mentionne aucune dame de ce nom. Cet auteur adopte au contraire l'opinion de Benoît Picart, d'après laquelle Herman III épousa Mathilde de Parroy, dont il n'eut point d'enfants (5). Selon toutes probabilités, il succomba en combattant, aux côtés de son père, dans l'armée alliée du duc de Lorraine Simon Ier contre l'évêque de Metz et le comte de Bar.

HENRI Ier. — C'est très certainement par suite d'une er eur de copiste ou d'une confusion de noms

---

(1) Voir *supra,* p. 47. Cette charte démontre que Herman III était bien l'aîné, comme il était d'usage dans la famille de Salm où le premier-né reçoit toujours le nom de son père.

(2) D. CALMET, IV, col. CCXC; CCCLXVI; CCCXCVII.

(3) GRAVIER, *Hist. de Saint-Dié*, p. 94. Épinal, 1836.

(4) *Les Sires et comtes de Blâmont* (*Mém. S. A. L.,* 1890, p. 85).

(5) Benoît PICART, *Hist. de Toul*, p. 40.

que celui de Henri figure, suivi des titres de comte
de Salm et de voué de Senones, dans l'acte dressé en
1125 par Étienne, évêque de Metz, en faveur de cette
abbaye (1). Henri Ier, fils puîné de Herman II, n'était
alors qu'un enfant, et il ne devint voué de l'abbaye
de Senones qu'après la mort de son père et celle de
Herman III, son frère aîné. Comme ce dernier, il
est qualifié de consul (2), dans les actes postérieurs
de 1174 et 1186.

Le premier document où figure le nom du comte
Henri a été publié par Dom Calmet (3) qui, dans son
histoire manuscrite de l'abbaye de Senones, l'a analysé comme suit :

En 1135, l'abbé Antoine porta ses plaintes à Adalbéron,
archevêque de Trèves, qui tenait alors son concile provincial, en présence du légat du Pape et de ses évêques suffragants. Antoine se plaignait que Henri fils de Herman,
qui avait reçu de l'abbaye une terre en fief (peut-être
Bayon), au lieu de la protéger, ne cessait de la molester
et d'exiger divers services et contributions des sujets du
monastère, les obligeant contre raison, de plaider en sa
présence, sans avoir égard aux ordonnances des Roys et
aux privilèges accordés par les Souverains Pontifes,
Pascal, Calixte et Honoré (4). L'archevêque de Trèves

-----

(1) Voir *supra*, p. 45.

(2) Les termes honorifiques de *consul* et *comte* paraissent
avoir été équivalents au XIIe siècle. Dans un document du
17 septembre 1132, Rainaud III, comte de Bourgogne, est
d'abord nommé *consul* et, plus bas, *comte*. Les comtes d'Angers
portaient toujours le titre de consul. C'est évidemment l'indice d'une origine illustre. Cf. VIELLARD, p. 261.

(3) D. CALMET, IV, col. CCCV.

(4) Par une note (1), D. CALMET renvoie ici à Richer, l. 2,
ch. 5, où ce chroniqueur de l'abbaye de Senones dit que cette

cita en sa présence et devant le concile le comte Henri, et l'obligea de demander l'absolution de l'excommunication qu'il avait encourue; de restituer ce qu'il avait injustement exigé et de promettre solennellement de cesser les vexations et de respecter à l'avenir les droits et privilèges du monastère. Le *diplôme* est souscrit de Folmar, doien de l'Église de Trèves, de Bertram, abbé de Saint-Arnoû, de Landolphe, abbé de Saint-Vincent, d'Herbert, abbé de Saint-Clément, de Richer, abbé de Saint-Martin et de Saint-Symphorien de Metz, de *Simon, duc de Lorraine*, de Renaud, comte de Bar et de ses deux fils Hugues et Renaut... (1).

Ce document, que Dom Calmet qualifie de diplôme, offre de telles singularités que son authenticité est plus que suspecte. Tout d'abord, le nom sous lequel y figure l'archevêque Albéron [*Alberto* (2) au lieu d'*Albero*] n'est pas celui qu'il prend dans tous les actes connus. Ensuite le nom du voué, objet de la sentence, n'y apparaît que sous la simple désignation de *comte Henri*, sans nul indice qu'il s'agît d'un comte de Salm, car le nom de *Herman*, que l'on trouve dans l'analyse ci-dessus de Dom Calmet, n'y figure nulle

---

abbaye donna à la maison de Salm, pour droit d'advocatie, une terre, qu'il dénomme, et qui est peut-être Bayon, *Pars quidem dicto advocato terrae et hominum quae adhuc Ambaium vulgo appellatur, pro advocatione, collata fuit quod adhuc tempore nostro haeredes de Salmis possident.*

(1) *Hist. de l'abb. de Senones*, éd. Dinago, p. 84. BALEICOURT (*Traité hist. et critique sur l'origine et la généal. de la maison de Lorraine*, Berlin, 1711) a publié le texte de ce document dans ses *Preuves*, p. LVII-LIX.

(2) Le texte de Baleicourt porte *Albero*; il est donc possible qu'il s'agisse chez Dom Calmet d'une erreur de copie, et nous n'insistons pas sur l'anomalie de l'orthographe *Alberto*.

part. Et cependant, nous sommes en 1135, année
où vivait encore le comte Herman II qui, jusque-là,
était le voué de l'abbaye de Senones et, par conséquent, l'auteur éventuel des abus dont se plaignait
'labbé. Cet Henri aurait reçu de l'abbaye un fief, sé-
paré de la prébende des moines. L'invraisemblance
d'un pareil fait saute aux yeux, le haut domaine
de l'abbaye appartenant, depuis le VIIIᵉ siècle, à
l'évêque de Metz, qui seul avait qualité pour le cons-
tituer en fief. L'archevêque de Trèves déclare ensuite
qu'il cita Henri en sa présence, en celle du légat du
Pape (1) et celle de ses suffragants. D'autre part, les
noms et qualités des témoins ne donnent nullement
l'impression d'un concile provincial, attendu, tout
d'abord, que l'on n'y voit figurer aucun des évêques
suffragants ; et cependant, les évêques de Metz et de
Toul étaient on ne peut plus qualifiés pour appuyer
de leur autorité une sentence concernant le voué de
l'abbaye de Senones. On y trouve, en revanche, les
noms du doyen et de deux archidiacres de Trèves,
du chantre et prévôt de Saint-Arnould, de cinq chanoines et de quatre abbés, de Metz. Parmi les témoins
laïques, on a la surprise de trouver en tête : Simon,
duc de Lorraine, puis Hugo, magister (?), Renaud
de Bar (2) avec ses fils Hugues et Renaud, Lambert

---

(1) Albéron de Montreuil fut nommé lui-même primat
dans la Gaule Belgique et légat en Allemagne, par bulle d'Innocent II du 1ᵉʳ octobre 1137 (*Lothar v. Supp.*, p. 769).

(2) Renaud Iᵉʳ, dit le Borgne (1105-1149), précisément
célèbre par ses vexations et pillages à l'égard des biens de
l'abbaye de Saint-Mihiel, et ses violences contre l'évêque et la
ville de Verdun !

de Montaigu, Thierry de Florei et Thierry de Humbercourt. Enfin, comme date, simplement le millésime, sans spécification ni de l'indict ni des années du règne ou du pontificat (1).

Or, nous savons quel antagonisme existait entre le duc de Lorraine Simon Ier et Albéron, archevêque de Trèves, Étienne, évêque de Metz et le comte Renaud de Bar. L'apposition de la signature du duc Simon à côté de celle du comte de Bar et de ses fils au bas d'un acte préjudiciable au comte de Salm, son allié, est inadmissible. Que dire aussi de cette mention du nom de *Hugo, magister*, entre ceux du duc de Lorraine et du comte de Bar ?

Nous nous trouvons donc ici en présence d'un document offrant toutes les apparences d'un acte apocryphe. Dom Calmet, qui ne semble pas s'être préoccupé outre mesure de l'authenticité des pièces justificatives mises à profit pour la préparation de son *Histoire de l'abbaye de Senones*, restée manuscrite, avait cru trouver dans cet acte apocryphe, qualifié par lui de diplôme, la réalité d'un grief plusieurs fois invoqué par le chroniqueur Richer, selon lequel la maison de Salm aurait reçu de l'abbaye de Senones, pour droit d'advocatie, une terre appelée *Ambaium* (2). Dom Calmet, comme nous l'avons fait ressortir déjà, croyait y voir le nom de Bayon, où

---

(1) Il est vrai que le document n'est connu que par une copie imprimée et que l'absence de certaines indications habituelles n'est pas toujours une preuve de non-authenticité. Celle-ci réside ici dans un ensemble de circonstances.

(2) V. *M. A. S.*, série VI, t. XV, p. 92 et suiv.

la maison de Salm ne possédait aucun fief ni aucune terre à quelque titre que ce soit.

La date de 1135, adoptée par le rédacteur de la pièce analysée plus haut, ne peut donc être admise pour établir l'année de la mort du comte Herman II et de la succession au comté de Salm de son fils puîné Henri Ier. Toutefois, cette date doit se rapprocher de la réalité, puisque l'année 1135 est la dernière où Herman II apparaît dans les actes. La difficulté de préciser davantage est d'autant plus grande qu'aucun autre document de cette époque ne mentionne le nom de Henri en qualité de comte de Salm. Tout ce qui est certain, c'est qu'en 1138, la comtesse Agnès, sa mère, est veuve, comme en témoigne le titre de donation à l'abbaye de Saint-Sauveur.

La fin tragique du comte Herman II de Salm semble avoir précédé de peu celle de Conrad II, comte de Luxembourg, mort en 1136 sans laisser de postérité (1). Si, comme je l'ai fait remarquer plus haut, Herman II avait encore vécu, la question de sa succession au gouvernement du comté de Luxembourg se fût certainement posée, en sa qualité de représentant direct de la branche cadette (2). Son fils puîné Henri, plus éloigné d'un degré de cette parenté, était sans doute d'ailleurs trop jeune pour revendiquer un titre, d'autant plus difficile à recueillir qu'une lutte entre l'archevêque de Trèves et le comte de Luxembourg, au sujet de l'abbaye

____

(1) BERTHOLET, III, p. 420.

(2) Le comte Gislebert, l'ancêtre commun, était à la fois le grand-père d'Ermenson et du comte Herman II de Salm.

de Saint-Maximin, était loin d'être terminée. C'est
donc Henri, dit l'Aveugle, comte de Namur, qui fut
appelé à succéder à Conrad II. Il était fils d'Ermenson
de Luxembourg, fille de Conrad Ier, qui avait été
mariée en premières noces à Albert, comte de Dagsbourg et de Moha (1), et en secondes noces, à Godefroy, comte de Namur. Henri de Namur se fit
reconnaître comte aux grandes acclamations des
Luxembourgeois qui, par la réunion de deux riches
et puissants comtés sur une même tête, espéraient
être en meilleur état de résister à leurs ennemis (2).

C'est à l'occasion d'une guerre contre la ville de
Metz que nous trouvons mentionné pour la première
fois Henri Ier comte de Salm. Voici comment cet
événement est rapporté par Meurisse (3) :

Tous nos historiens remarquent que les habitants de
la ville de Metz et les nobles du pays messin eurent de
grandes guerres les uns contre les autres à raison disent-
ils, que durant le schisme et pendant la persécution qu'on
faisait aux évêques ceux de la ville s'étaient emparés de
l'autorité et voulaient assujettir les gentilshommes du
pays à leurs ordonnances; les gentilshommes de leur côté
ne pouvaient point souffrir cette nouvelle domination.
L'évêque Étienne, qui était seigneur de la ville et du
pays, lassé de la guerre et ne voulant plus tremper ses
mains dans le sang, se transporta à Clairvaux pour prier
saint Bernard de venir composer les différends. Mais les

---

(1) Albert, fils de Hugues, comte de Dagsbourg et de Moha
et petit-fils de Hugues, comte d'Eguisheim, et d'Hadwide, qui,
selon quelques-uns, aurait été la sœur ou la fille de Hugues
Capet (*La Vérit. Orig. des maisons d'Alsace*, etc., p. 20).

(2) BERTHOLET, IV, p. 13.

(3) MEURISSE, *Hist. des Év. de Metz*, p. 398.

gentilshommes ayant eu l'avantage sur ceux de Metz, en une bataille qui s'était donnée entre Bouxières et la Moselle, où plus de 2.000 hommes étaient demeurés sur place, sans ceux qui avaient été emportés par les flots de la rivière, ils ne voulaient point entendre aux propositions que leur faisait saint Bernard d'un accommodement.

D'après l'auteur de la vie de saint Bernard (1), Henri, comte de Salm, aurait été le plus obstiné à continuer la lutte, et il n'aurait pas fallu moins d'un miracle du saint qui, en sa présence, rendit l'ouïe à un sourd, pour l'amener à se réconcilier avec ses ennemis. Mais enfin, dit Meurisse :

Ils y donnèrent les mains et la paix fut conclue à Froimont, auprès de Bouxières (2).

Nous rencontrons ensuite le comte Henri Ier se chargeant lui-même du rôle honorable de médiateur entre les troupes du comte de Bar, qui s'étaient emparées du château de Bouillon, et celles de **Henri**, comte de Luxembourg et de Namur, placé à la tête de l'armée d'Albéron, évêque de Liége, qui faisait le siège de ce château. Voici ce qu'en rapporte l'auteur du *Triomphe de Saint-Lambert* :

Le siège durait toujours et on y souffrait beaucoup. Le jour auquel on avait demandé une trève, Henri, comte de Salm, neveu du comte de Bar, vint au camp

----

(1) *Vita S. Bern.*, t. II, lib. IV, cap. 8, p. 1149, éd. Mabillon. Cf. BERTHOLET, IV, p. 116. Bénédictins, *Hist. gén. de Metz*, t. II, p. 265. Benoît PICART, *Hist. de Toul*, p. 44.

(2) MEURISSE, *ibid.*, p. 399.

et demanda à l'évêque la permission d'entrer dans le château. On le lui permit et il y trouva une désolation extrême. Il y régnait des divisions cruelles entre les assiégés, qui s'entretuaient comme des bêtes carnassières; ils manquaient de provisions et malgré cela ils n'osaient capituler, de peur d'encourir la disgrâce de leur maître. Le comte de Salm, à la vue de ces calamités, condamna fort leur obstination et les exhorta à se rendre. Ils y donnèrent les mains, mais à condition que, s'ils ne recevaient point de secours avant un certain terme qu'ils fixèrent, on leur permettrait de sortir avec leurs armes et leurs bagages. Le comte médiateur rapporta cette nouvelle à l'évêque et courut à Bar, afin d'obtenir le consentement de son oncle. Le comte Renaud consentit à la reddition de la place, qui fut signée le 22 septembre 1141 (1).

Le 1er novembre 1145, Henri, comte de Salm, signe, comme témoin, un privilège d'Albéron, archevêque de Trèves, qui confirme à l'abbaye de Senones ce qu'elle possédait à Réméréville (2).

Le comte Henri Ier est présent à la confirmation de l'abbaye de l'Étanche en Lorraine (3), faite, le 10 août 1149, par Henri, évêque de Toul. Ce prélat y fait le dénombrement des biens qu'Adelaïde, sa

---

(1) BERTHOLET, IV, p. 91. Parmi les défenseurs du château de Bouillon, se trouvaient Hugues et son frère, fils de Renaud de Bar et cousins de Henri Ier de Salm.

(2) D. CALMET, *Hist. de l'abb. de Senones*, éd. Dinago, p. 90. En dehors du doyen de l'Église de Trèves et de six abbés, les signataires de l'acte sont mentionnés comme suit : Folmar, comte de Castres et Henri, comte de Salm.

(3) L'Étanche, abbaye de filles de l'Ordre de Cîteaux, située entre Neufchâteau, arrondissement et canton, Châtenoy et Le Châtelet, fut fondée par le duc Mathieu Ier le 5 décembre 1143.

belle-sœur, duchesse de Lorraine, léguait à ce monastère et de ceux que le duc Mathieu, premier fondateur, lui avait déjà cédés. Les seigneurs présents à cette confirmation y figurent dans l'ordre suivant : Étienne, évêque de Metz; Thierry, princier; Henri, comte de Salm; Hugues, comte de Vaudémont; Renaud, comte de Bar; Albert, comte de Chiny; Folmare, comte de Soloen (?); Aubert d'Apremont et plusieurs autres, tant ecclésiastiques que laïques (1).

Le premier rang parmi les témoins laïques où figurent, après lui, les comtes de Vaudémont, de Bar, de Chiny, ne pouvait être attribué au comte Henri Ier par le prélat auteur de la charte (2) qu'en raison d'une situation prépondérante dans l'organisation féodale de l'époque.

Parmi les seigneurs du XIIe siècle, dit l'auteur de l'*Histoire du Luxembourg* (3), il semble que Henri Ier, comte de Salm, tenait un des premiers rangs. Outre ce que nous en avons déjà rapporté au sujet des dissensions qu'il eut avec les bourgeois de Metz, il nous reste une lettre que Wibalde, abbé de Stavelot (4) lui écrivit,

---

(1) BERTHOLET, IV, p. 17. D. CALMET, II, Pr., col. 333 et *Doc. Vosges*, t. IX, p. 21. Ém. DUVERNOY, *Le Duc de Lorr. Mathieu Ier*, p. 75.

(2) Henri de Lorraine, évêque de Toul, était fils du duc Thierry Ier et frère du duc Simon Ier.

(3) BERTHOLET, IV, p. 147.

(4) Wibald, moine à Stavelot depuis 1118, fut élu abbé de ce monastère, le 16 novembre 1130, âgé seulement de trente-quatre ans. Lothaire II l'investit des régales le 13 avril 1131, à Stavelot même, et accorda le même jour un privilège confirmant les droits de Stavelot, disposant notamment que les abbayes de Stavelot et de Malmédy devaient toujours être dirigées par le même abbé, autant que possible élu parmi les

avec la réponse que Henri y fit. Ces deux pièces nous instruisent des hostilités qui se commettaient entre les vassaux des deux seigneurs. Elles sont datées de l'année 1153 et voici le texte de celle de Wibalde :

« Au noble et illustre comte de Salm Henri, frère Wibalde, par la grâce de Dieu, abbé. Étant arrivés à Stavelot, par ordre du roi et des seigneurs cardinaux, nous y avons trouvé notre abbaye troublée et vexée par les fréquentes rapines et les butins que vos officiers et autres sujets ont faits sur nos Terres. Il serait trop long de raconter les maux qu'ils y ont causés... Nous espérons de votre justice que vous condamnerez ces voies de fait, qui sont si contraires à la bonne police. Il est vrai qu'elles ont été occasionnées par notre mayeur de Lernau, lequel a fait crever les yeux à un de vos sujets, parce qu'il avait enlevé la femme d'un des nôtres; mais il avait permission des vôtres de poursuivre l'inique ravisseur et de le punir selon la grandeur de son crime, s'il le pouvait faire prisonnier. Nous vous avons supplié plus d'une fois de vouloir arrêter ces brigandages. Bien loin d'avoir été exaucés, les vôtres ont encore employé la violence contre notre mayeur, au jour de ses noces, lui ayant enlevé le pain nuptial avec six bœufs qui le conduisaient. Comment pouvons-nous croire que tout cela se soit fait sans votre participation, et vos sujets auraient-ils osé s'emporter à de pareils excès sans votre commandement? Si nous ne pouvons pas réprimer les vagabonds qui par-

---

religieux de Stavelot. Le 19 septembre 1137, au moment du retour de l'expédition de Lothaire II contre le roi Roger de Sicile, Wibald fut élu abbé du Mont-Cassin et reçut le lendemain 20 septembre l'investiture impériale. En cette qualité, Wibald reçut les foi et hommage du duc Rainaud d'Apulie, du prince Robert de Capoue et des barons de cette principauté, des comtes d'Aquin et de nombreux nobles normands, tous vassaux du monastère. Il conserva en même temps la direction des abbayes de Stavelot et de Malmédy (*Lothar v. Suppl.*, p. 366 et 759-762).

courent notre pays, nous nous flattons que pour l'affection
sincère que nous portons à votre personne, préférable-
ment à tous les Princes de nos contrées, vous cesserez de
nous tenir dans l'oppression, et nous avons cru qu'en
souvenir de notre ancienne amitié, nous pouvions vous
représenter dans nos lettres la grandeur de nos griefs,
vous conjurant, par l'amour de Dieu et en l'honneur des
bienheureux apôtres Pierre et Paul, et de saint Remacle
notre fondateur, de nous indemniser des pertes que nous
avons faites. Que si l'on venait à ne point les réparer,
nous serions obligés de nous adresser à Dieu, au Roi, et
à tous les Princes de l'Empire, et aux fidèles de l'Église
de Stavelot, pour obtenir la justice qui nous est due (1). »

Le comte de Salm répondit en ces termes :

La nouvelle de votre retour m'a rempli d'une vraie
joie, tant par l'espérance que j'en ai conçue de me servir
de la sagesse de vos conseils, que pour rétablir une solide
paix entre vos vassaux et les miens. Car, quoique les
vôtres et vos ennemis aient mis tout en œuvre pour
rompre le lien d'amitié qui est entre vous et moi, cependant ils n'ont pu en venir à bout, et par la grâce de Dieu
il subsiste en son entier. Il serait trop ennuyeux de faire
le récit des brigandages qui ont été commis de part et
d'autre. J'abandonne à votre discrétion, tant par le
respect que j'ai pour votre caractère que par un désir
sincère de conserver votre amitié, la pleine et entière
décision des plaintes mutuelles. Car vous savez que mon
château de Salm, et tout ce que j'y possède, soit en paix,
soit en guerre, sont prêts à vous obéir comme à moi,
pourvu que vous vouliez conserver votre honneur et le
mien, et m'aimer en les conservant. Je suis persuadé
que les plaintes que vous nous faites sont un effet de votre
affection et je vous aurais porté les miennes le premier,

____

(1) BERTHOLET, IV, p. 148.

si j'avais su votre arrivée. J'irai vous voir au premier
jour, et nous parlerons ensemble des moyens nécessaires
pour conserver la concorde convenable, étant disposé
d'ailleurs à vous obéir en tout (1).

« On voit ici, dit Bertholet, une réponse d'un seigneur judicieux, sage, modéré, mais ferme et résolu
à soutenir ses droits et ceux de ses sujets. On ne
sait pas, faute de mémoires, quelles suites eurent
ces démêlés; mais on doit présumer qu'ils furent
assoupis et terminés à l'amiable (2). »

Des difficultés s'élevèrent, à la même époque, entre
l'abbaye de Saint-Mihiel et le comte Henri Ier; elles
démontrent que ce dernier, tout en s'intéressant aux
affaires de son comté de Salm-en-Ardenne, ne s'occupait pas moins activement de ses possessions messines
et lorraines. La lettre, dont nous donnons ci-après
la traduction, que le pape Eugène III écrivit à ce
sujet au comte de Salm, nous fait connaître les
causes du conflit. Elle est datée de Signia, 24 mai
1152 :

Eugène, évêque, serviteur des serviteurs de Dieu, à
notre cher fils, noble homme Henri, comte de Salm, salut
et bénédiction apostolique. Nous avions espéré d'ap-
prendre des nouvelles qui nous persuadassent la sol-
licitude avec laquelle vous travaillez au salut de votre
âme et qui nous disposassent à vous aimer plus intime-
ment et à vous secourir, si l'occasion s'en présentait.
Mais l'abbé de Saint-Michel a porté à notre Tribunal des
plaintes contre vous, en ce que vous avez envahi avec

----

(1) BERTHOLET, IV, p. 149.
(2) *Ibid.*, p. 150.

vos hommes là celle d'Insming (1) que lui, aussi bien que
ses prédécesseurs, ont possédée longtemps sans aucuns
troubles ; il nous a dit encore que non content de la lui
avoir enlevée par une damnable témérité, vous en avez
chassé les moines et introduit à leur place un prêtre qui
vous est tout dévoué. Cette usurpation, si elle est véritable, nous afflige d'autant plus que nous n'appréhendions
rien de semblable de votre part... Nous vous enjoignons
donc par le présent rescrit, de lui restituer la même
celle, avec tout ce que vous en avez emporté ; que si vous
vous croyez fondé en droit contre lui, on vous rendra
ensuite justice. Au surplus, nous voulons que vous sachiez
que nous avons donné ordre à notre vénérable frère,
l'évêque de Metz, de vous excommunier, si vous ne faites
pas d'abord la restitution prescrite (2).

En effet, sous la même date du 24 mai 1152, Eugène III envoya un bref à Étienne, évêque de Metz
et oncle du comte Henri Ier de Salm, par lequel il lui
ordonnait de jeter l'interdit sur la celle envahie et de
frapper le ravisseur des anathèmes de l'Église, s'il ne se
disposait incessamment à obéir (3). L'évêque Étienne,
nommé en même temps commissaire, par le pape,
pour examiner la difficulté survenue, s'acquitta

----

(1) *Cellam Asmingiae.* Il existait à Laître-sous-Amance un
prieuré dont la fondation est attribuée à Sophie, héritière du
comté de Bar, et qui dépendait de l'abbaye de Saint-Mihiel.
Un autre prieuré, dépendant de la même abbaye, existait à
Insming, en latin également *Asmingia,* donné à ladite abbaye
de Saint-Mihiel, par Thierry Ier, comte de Montbéliard-Bar
(grand-père maternel du comte Henri Ier), en 1099. Voir *Notice
de Lorr.* de Dom CALMET et H. LEPAGE, *Les Communes...,* II,
p. 508. C'est certainement de ce dernier prieuré qu'il s'agit.

(2) BERTHOLET, IV, pr. XIII.

(3) *Ibid.*

sans retard de sa mission. Par une charte du 9 octobre 1152, il confirma les droits de l'abbaye de Saint-Mihiel sur le prieuré d'Insming (*apud Asmingiam*) et notamment les concessions faites par le comte Henri de Salm (1). Il ressort de cette charte que celui-ci contestait à l'abbaye de Saint-Mihiel le don de l'église d'Insming que lui avait fait, en 1102, son grand-père Thierry Ier, comte de Montbéliard-Mousson-Bar.

Une grande incertitude règne au sujet du nom de l'épouse du comte Henri Ier. Bertholet, confondant Henri Ier avec Herman II, lui attribue pour épouse « Agnès de Langestein, héritière de Blâmont » (2). Benoît Picart dit qu'il épousa « Juditte de Xures » (3). D'après Fahne, la femme de Henri Ier serait « *Havide, héritière de Blâmont* » (4). Enfin, dans la liste généalogique de Fr. de Rosières, Henri Ier figure, sous le n° 37, avec l'indication suivante : *Henricum 7 principem liberalem, Salmensem et Blancimontis comitem. Iniit magistratum 1146. Obiit 1170, principatus 30. Ex Maria, quae patrem habuerat Henricum à Lutzelburgo suscitavit* (5).

La liste de Fr. de Rosières, en ce qui concerne du moins la première partie, avec les noms et les années

---

(1) Arch. de la Meuse, série H, fonds Saint-Mihiel, 5. L. VIELLARD, *Documents*, etc., p. 268. *Mettensia*, VI, p. 333.

(2) BERTHOLET, III, p. XXXIII.

(3) Benoît PICART, p. 40.

(4) FAHNE, I, p. 54.

(5) Fr. de ROSIÈRES, *Stemmatum ac Barri ducum*, t. IIII, f° 186 v°.

de règne des trente-six premiers comtes de Salm, ne
mérite aucune confiance; mais il faut reconnaître
qu'à partir de la fin du XIIe siècle, les données
généalogiques de cet auteur sont généralement
exactes. Aussi, sous la réserve de considérer comme
une mauvaise lecture du nom de *Havide* (1) ou Hawis,
le prénom *Marie* dont je ne connais pas d'exemple avant le XIIIe et même le XIVe siècle, l'opinion de Rosières, suivant laquelle l'épouse du
comte Henri Ier serait la fille de Henri de Lutzelbourg, doit être prise en sérieuse considération. Un
tel mariage est d'autant plus admissible que la maison
de Lutzelbourg formait un rameau de la puissante
dynastie de Montbéliard-Mousson-Bar, à laquelle
se rattachait Henri Ier de Salm par sa mère Agnès.
Henri de Lutzelbourg était fils de Pierre, comte de
Lutzelbourg, fils lui-même de Frédéric comte de
Ferrette, frère de Thierry Ier de Montbéliard (2).
Agnès de Langenstein étant l'une des filles de
Thierry Ier, Henri de Lutzelbourg et Henri Ier de
Salm étaient cousins issus de germains. Le château
de Lutzelbourg, qui faisait partie de la marche de
Marmoutier, sous la suzeraineté de l'évêque de Metz,
aurait été bâti par le comte Pierre, qui eut, pour
successeur son autre fils Réginald, fondateur de
l'abbaye de Neuviller, en 1128, et mort en 1143. Son
frère Henri fut *vogt* ou voué de Strasbourg. A la

----

(1) Hadwide, Havide et *Hawis,* dans les chartes romanes du
XVIIIe siècle.

(2) SCHŒPFLIN, *Alsatia illustrata,* t. II, p. 617.

mort, sans postérité, du comte Réginald, le 1er janvier 1150, l'évêque Étienne de Metz hérita de Lutzelbourg dont il reconstruisit le château et le donna à son église (1). Rappelons que ce prélat était le cousin de Réginald.

La fille de Henri de Lutzelbourg aura apporté en mariage la partie des domaines du Blâmontois qui, avec ceux appartenant déjà à la comtesse Agnès, mère du comte Henri de Salm, formèrent la seigneurie de Blâmont. C'est pour ce motif que la plupart des auteurs désignent l'épouse de Henri Ier comme l'héritière de Blâmont (2).

Henri Ier mourut vers 1170 (3). Il laissa deux fils :

1º *Henri II*, tige des comtes de Salm-en-Vosge ;

2º *Ferry*, tige des comtes de Salm-en-Ardenne (4).

---

(1) Schœpflin-Ravenez, *L'Alsace illustrée*, t. IV, p. 452 et V, p. 621. Tueffert, *Hist. des comtes de Montbéliard*, supplément nº 4, p. 25.

(2) Les domaines que Havide de Lutzelbourg a pu apporter en mariage à son cousin Henri Ier, comte de Salm, faisaient sans doute partie de l'ancien comté d'Eguisheim transféré aux comtes de Ferrette après la mort sans postérité de Hugues et d'Ulric, frères de Stéphanie, épouse de Frédéric, comte de Ferrette. Stéphanie, fille de Gérard, premier comte de Vaudémont, mort en 1108, et d'Hadvide, héritière des comtes d'Eguisheim, hérita à son tour, avec sa sœur Gisèle, dudit comté et apporta sa part dans la maison de Ferrette (Schœpflin-Ravenez, *L'Als. ill.*, t. V, p. 430).

(3) Du Chesne, *Hist. de la Maison de Luxembourg. Mon. Germ. SS.*

(4) Fahne, *Gesch.*, etc., t. I, p. 55. Bertholet (III, p. xxxiv) désigne ce deuxième fils sous le nom de Conrad et il ajoute qu'il était en même temps seigneur de Pierre-Percée. Mais Fahne déclare que la charte invoquée par Bertholet est fausse. Mon savant confrère belge, M. Jules Vannérus, dans un travail sur les Comtes de Salm-en-Ardenne, destiné aux

Il figure comme témoin dans deux chartes, des années 1171 et 1172, constatant des donations faites à l'abbaye de Prüm (1). Une autre donation, datée du 23 juillet 1207, mentionne comme témoins deux de ses fils : *Fredericus et Gerardus clerici, filii comitis de Salmene*. Enfin, dans une charte de l'archevêque Jean, de Trèves, de l'année 1210, figurent, comme premiers témoins, le fils et le petit-fils, du comte Ferry : *Wilhelmo comite de Salmena et Henrico filio ejus* (2).

Annales de l'Institut archéologique du Luxembourg pour l'année 1920, établit que *Ferry* ou *Frédéric* était, non le fils, mais le gendre du comte Henri Ier. Celui-ci, outre son fils et successeur Henri II, aurait laissé une fille, *Élise*, qui épousa *Frédéric de Vianden*, tige de la dynastie des Comtes de Salmen-Ardenne de la 2e race,

(1) BEYER, II, p. 42 et 52.
(2) *Ibid.*

CHAPITRE III

Henri II. — Henri III. — Ferry, sire de Blâmont. Henri IV.

HENRI II. — La mort du comte Henri Ier marque
le point de séparation des possessions de la maison de
Salm en deux comtés, dont l'un prit le nom de comté
de Salm-en-Ardenne et l'autre celui de comté de Salm-
en-Vosge. Sous la domination de dynasties de même
nom et d'armes ne différant que par les couleurs,
ces deux comtés suivirent alors des destinées différentes et ne tardèrent pas à être complètement étrangers l'un à l'autre.

Dès cette époque, les seigneuries de Blâmont et
de Pierre-Percée, ajoutées au fief d'avouerie de l'abbaye de Senones, formaient, avec les domaines du
Saulnois, un territoire d'une imposante étendue.
Pour justifier le titre de comté de Salm, Henri II
fit bâtir dans les Vosges, aux confins de l'Alsace, le
château de Salm, dont il fit sa résidence.

L'emplacement choisi pour la construction de ce
château indique clairement les visées politiques pour-
suivies, dès cette époque, par la maison de Salm de
la première dynastie en vue de la création d'un État
indépendant dans la partie moyenne de la chaîne
des Vosges, entre la Lorraine à l'ouest et l'Alsace à

l'est. Le mariage du comte Henri II avec Joatte ou Judith de Lorraine, fille de Ferry de Bitche et sœur de Ferry II, duc de Lorraine (1), ne pouvait que fortifier ces aspirations déjà en bonne voie de réalisation.

Le nouveau château fut bâti au milieu des grandes forêts du bassin supérieur de la Bruche, au sommet d'un plateau à l'altitude de 809 mètres, se rattachant à un groupe de montagnes qui sépare les eaux des deux vallées forestières de Framont et d'Albey. Construit sur des rochers d'un accès assez difficile, il constitue un excellent observatoire, d'où la vue peut planer au loin et plonger dans les vallées profondes avoisinantes.

A l'emplacement de cette vaste construction, il ne reste que des éboulis et des excavations. Dom Pelletier, par un dessin incomplet, où manquent les détails les plus élémentaires, a essayé de donner une idée de ce qui restait du château au xviiie siècle. Il a oublié d'indiquer, comme l'a fait remarquer le baron F. Seillière, les différences de niveau du rocher sur lequel reposaient les assises des murailles. Son dessin a cependant été pris en considération, pour l'exécution de notre vue cavalière des ruines, parce qu'il s'est appliqué à situer des pans de murs et des vestiges de tours aujourd'hui disparus ; mais nous regrettons qu'il n'ait dessiné qu'une des faces.

---

(1) Ses autres frères étaient : 1º Philippe, sire de Gerbéviller ; 2º Thierry, sire d'Antigny, connu sous le nom de Thierry d'Enfer, que l'on considère comme l'auteur de la maison du Châtelet ; 3º Henri le Lombard, sire de Bayon.

En 1892, M. A. Brion, architecte à Strasbourg, après de minutieuses recherches faites sur place, exécuta une coupe et un plan d'ensemble des ruines. Le dessin de la coupe nous a servi pour situer sur la gauche une assez large échancrure, entre le donjon et le rebord rocheux du plateau. Mais c'est surtout le plan qui nous a guidés entièrement dans l'exécution du croquis fait, avec autant de consciencieuse exactitude que de talent, par M. Divoux, à qui j'exprime mes plus vifs remerciements. Les indications très minutieuses de ce plan et celles non moins précises d'un itinéraire, tracé par le baron F. Seillière, nous guident au milieu du chaos formé par les éboulements des pierres et des roches. Ce plateau est aujourd'hui envahi par la végétation, mais nous lui avons conservé l'aspect des ruines primitives. Les murailles s'élevaient le long du rebord de ce sommet rocheux. Épais et hauts, ces murs, renforcés par quelques tours, ne comportaient aucun créneau, ni mâchicoulis, ni tourelles; les vieilles forteresses lorraines étaient ainsi faites, pour la plupart. Le donjon se dressait à l'endroit qui méritait, par sa situation, une défense plus sérieuse. A l'intérieur s'élevaient les habitations (1) (Voir planche).

Le comte de Salm s'établissait là, à proximité de terrains miniers que les traditions de sa famille lui avaient sans doute appris à considérer comme une

____

(1) Pour la visite de ces ruines, consulter l'itinéraire décrit par le baron F. SEILLIÈRE, dans son ouvrage richement illustré : *Documents,* etc., p. 160 et 161.

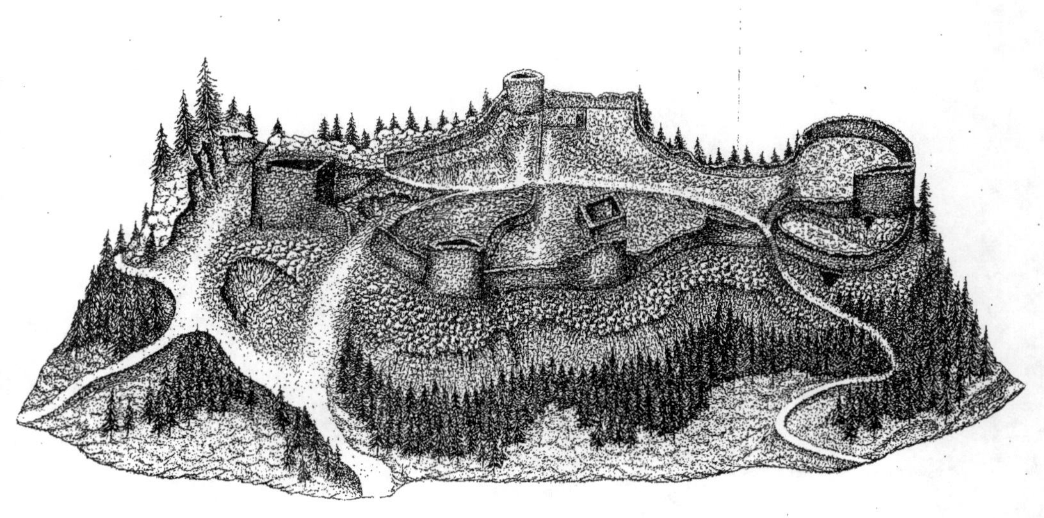

RUINES DU CHATEAU DE SALM-EN-VOSGE AU XVIIIe SIÈCLE

L. SCHAEDEL. — *Les Comtes de Salm.*

source puissante de richesse. Bien que Richer attribue seulement au petit-fils de Henri II l'établissement des forges de Framont, il est très probable que l'exploitation du fer y remonte à une époque beaucoup plus ancienne. La donation de la comtesse **Agnès**, de l'année 1138, témoigne que, dès cette époque, des carrières de meules étaient en **pleine** exploitation non loin de là, sur le ban de **Raon-lès-Leau** (1).

Si l'on en croyait Richer, le nouveau château de Salm aurait été construit sur un fonds appartenant à l'abbaye de Senones (2). Dom Calmet, adoptant sans hésitation cette version, la confirme, sans fournir d'ailleurs aucune preuve, en déclarant que pour ce motif les comtes de Salm payaient à l'abbaye de Senones un cens annuel de deux sols strasburgis (3). Mais comment admettre que les comtes de Salm, alors au faîte de leur puissance, se soient résolus à construire sur un fonds qui ne leur eût pas appartenu le château fort destiné précisément à justifier leur titre et leur domination dans cette région?

Si le rocher abrupt, d'ailleurs situé à l'extrême

---

(1) ... *similiter de redditibus molarum quae ibi abstrahuntur vel cum venduntur aut abducuntur, nihil ad episcopum, ita similiter mea erant et fratribus dedi.* Arch. dép., H, 1374. Cf. Abbé CHATTON, *Hist. de l'abbaye de Saint-Sauveur*, p. justif., p. XII et XIII (*Mém. S. A. L.*, 1898).

(2) *Aedificavit quoque apud Bruscam domum lapideam in curia nostra sitam.* RICHER, l. IV, ch. 22. G. WAITZ, *Monumenta Germaniae historica. Scriptores*, t. XXV, p. 311.

(3) D. CALMET, *Hist. de l'abb. de Senones*, éd. Dinago, p. 99. Ce cens annuel, s'il était réellement payé par la suite à l'abbaye de Senones, pouvait s'appliquer à toute autre chose qu'au fonds du château de Salm.

limite orientale du territoire primitif de l'abbaye de
Senones, rocher dont la plate-forme très accidentée
servit de base à la construction de ce château, n'était
pas un franc-alleu de la maison de Salm, il est évident
qu'avant d'entreprendre cette construction extrêmement difficile, Henri II s'en sera rendu propriétaire
absolu, soit par achat, soit par échange. Il n'aurait
eu, dans la circonstance, qu'à suivre l'exemple
mémorable bien connu de l'un de ses ancêtres de la
maison de Luxembourg, qui acquit par échange contre
sa terre allodiale de Feulen (*Viulna*), le fonds sur
lequel s'élève le château de Luxembourg et appartenant auparavant à l'abbaye de Saint-Maximin.
L'acte, daté du 12 avril 963, qui consacra cet échange
entre l'abbé de ce monastère et le comte Sigefroy,
stipule expressément qu'ils auraient « plein pouvoir
et entière liberté de retenir, de donner, de vendre
sans aucune opposition ces biens échangés et d'en
disposer comme ils trouveraient à propos » (1). Il
en fut de même du château de Bar, dont l'emplacement n'appartenait pas non plus au duc de Haute-
Lorraine Frédéric qui le fit bâtir. Le territoire sur
lequel s'éleva cette forteresse était, pour une partie
au moins, la propriété de l'abbaye de Saint-Mihiel.
L'autre partie, les deux tiers environ, appartenait
sans doute à l'évêché de Toul. Frédéric combina
alors un échange : il donna à l'abbaye un certain
nombre de villages qui dépendaient de l'église de
Toul et à cette église, il donna, entre autres biens, le

____

(1) BERTHOLET, III, p. 8 et p. justif., p. VII.

village de Bergheim, dans la Haute-Alsace et les
deux abbayes de Saint-Dié et de Moyenmoutier (1).

C'est, sans nul doute, une acquisition de ce genre
qui a eu lieu, si l'emplacement du château projeté de Salm appartenait à l'abbaye de Senones.
Un acte d'échange de l'année 1190, relatif à un pré
situé à proximité du nouveau château, est d'ailleurs
une indication sur le mode d'acquisition adopté par
Henri II; et il est bien évident que, s'il jugea
nécessaire de devenir ainsi propriétaire définitif
d'une simple dépendance territoriale, à plus forte
raison cette nécessité dut-elle s'imposer à lui pour
l'emplacement même de la forteresse.

Ce qui, enfin, met la question de propriété pleine
et entière hors de discussion, c'est l'acquisition que
fit, plus tard, en 1258, l'évêque de Metz du château
de Salm, au même titre que celle du franc-alleu de
Pierre-Percée, en vue d'en faire rendre hommage
par le comte de Salm. Si l'évêque Jacques de Lorraine n'avait pas alors considéré le château de Salm
comme un franc-alleu et si, au contraire, son
emplacement avait déjà fait partie du temporel de
l'évêché de Metz, il n'aurait pas eu besoin de l'acheter
pour obliger le comte de Salm à lui en rendre hommage.

Benoît Picart et après lui Dom Calmet, sur l'autorité de Richer, avaient placé la construction du
château de Salm en l'année 1225. Mais l'acte d'é-

____

(1) *Chronicon S. Michaelis in pago Virdunensi*, ch. 7 dans
Mon. Germ. hist., SS, IV, p. 81. Cf. L. JÉROME, *L'Abbaye
de Moyenmoutier*, p. 189.

change, déjà cité, du pré de Fonteney (*a*) prouve que cette construction est antérieure à l'année 1190. Aussi, dans son Histoire manuscrite de l'abbaye de Senones (1), Dom Calmet a dû revenir sur sa première version, dans les termes suivants : « Il n'est donc pas vrai que le château de Salm n'ait été construit qu'en 1225, par Henri IV, comte de Salm, comme on l'a dit dans l'*Histoire de Lorraine* (2) après le P. Benoît, capucin... »

La construction du château de Salm-en-Vosge remonte donc sûrement à une époque antérieure à l'année 1190, puisque l'acquisition du pré situé à proximité est motivée par le manque de foin et de fourrage, ce qui indique suffisamment qu'à cette date le château était déjà occupé. On ne peut actuellement préciser davantage.

Le premier acte authentique connu de Henri II, comte de Salm, est celui de l'an 1174, par lequel il confirme à l'abbaye de Haute-Seille tous les biens qu'elle possédait. Cet acte, comme celui de 1186 dont il sera question ci-dessous, est important au point de vue de la généalogie des premiers comtes de Salm, comme il sera facile de s'en convaincre par les analyses que nous donnons ci-après de ces deux documents :

1174. Henri II, en mémoire de ses ancêtres, savoir, de son père, de sa mère, de son oncle paternel

---

(*a*) Il s'agit peut-être de Fonteny, localité située à 2 km. au sud-est de Viviers.

(1) Éditée par Dinago, p. 99.

(2) Tome II, p. 382.

le comte Herman (III) et de son aïeule Agnès, confirme tous les biens qu'ils ont légués à l'église de Haute-Seille par la main d'Étienne, évêque de Metz. Il désigne les limites de ces donations et ajoute :

De plus, par surcroît de sa bienveillance, il permet que les religieux de Haute-Seille possèdent librement et sans contradiction tout ce qui leur sera donné en aumône par ses hommes libres, dans l'étendue de sa domination et atteste que le fief de *Tenchère* leur a été donné, en présence de l'abbé Foulques, par Olry de Neuviller, sous un cens annuel de six deniers, monnaie de Toul. Pour lesquelles donations le comte ne demande autre chose sinon les prières des serviteurs de Dieu, tant pour le repos de son âme que de celle de ses héritiers (1).

Par un autre acte de l'an 1186, Henri II déclare qu'Agnès, comtesse de Langenstein, son aïeule, son père Henri et Herman, frères, tous deux *consuls*, avaient fondé l'abbaye de Haute-Seille et lui avaient légué de grands biens; qu'il voulait aussi contribuer à cette générosité et, par suite, il lui transporte, par une donation libre, tout le fonds et la propriété de la forêt d'*Everbois*, attestant que la comtesse Judith, son épouse, et Henri, son fils, avaient consenti à ce transport. Les témoins de cette charte sont Rodolphe Chesters de Vienne, Rainaud, avoué, Thierry de Demes, Carsiles de Blanmont, chevaliers, Baudouin, prévôt de Barbes, Isousamis de Neuviller, prévôt, Hugues d'Hesming, portarius, Cocus de Briei (2).

---

(1) BERTHOLET, IV, p. 200; p. justif., p. XXIV; D. CALMET, II.
(2) BERTHOLET, IV, p. XXXIII; D. CALMET, II.

En 1189, Henri II se croisa et accompagna l'empereur Frédéric Barberousse partant pour la croisade après Pâques de ladite année (1). Il était de retour en 1190, puisqu'à cette date, il fit l'échange de son pré de Fonteney contre un autre pré que l'abbaye de Senones possédait à Plaine, à proximité de son nouveau château de Salm.

Une guerre, survenue entre le comte Henri II et les bourgeois de Strasbourg, fut terminée par un traité de paix l'an 1198 (2).

Le 28 novembre 1202, Bertram, évêque de Metz, et Henri, comte de Salm, en sa qualité de voué de Vic, confirment à l'abbaye de Gorze les biens qui lui étaient alors contestés près de Vic (3).

Dans la guerre qui éclata en 1207 entre Ferry II, duc de Lorraine, et son beau-père Thiébaut Ier, comte de Bar, le comte Henri II de Salm se rangea du côté du duc de Lorraine, son beau-frère, auquel s'était joint également Bertram, évêque de Metz. Le comte de Bar prit à sa solde un grand nombre d'aventuriers bourguignons, français et gascons, et se jeta sur les domaines de l'évêché de Metz. Il assiégea la ville de Vic, la prit et la détruisit en partie, emmenant captifs cent des principaux habitants. Il s'empara ensuite de la forteresse de Prény et en

---

(1) Benoît PICART, p. 245 ; BERTHOLET, IV, p. 220 ; D. CALMET, VII, p. 179. A cette croisade prit part aussi Pierre de Brixei, évêque de Toul, qui mourut à Jérusalem en 1192.

(2) *Supplément à l'histoire de la Maison de Lorraine*, imprimé à Toul, en 1704, 1re partie, p. 47.

(3) *Jahrbuch*, 1893, p. 82.

renversa les murailles, sans que le duc de Lorraine osât lui livrer bataille pour secourir la place (1).

L'année suivante, Ferry II voulut user de représailles : il dévasta les domaines de l'abbaye de Gorze, dont Thiébaut Ier était le voué; mais il n'eut pas le même bonheur que son beau-père. Accouru au secours de l'abbaye, le comte de Bar surprit le duc de Lorraine, qui ne l'attendait pas sitôt, et le battit complètement, dans les plaines de Gorze, le 3 février 1208. Ferry II tomba lui-même, avec ses frères Thierry d'Enfer et Philippe de Gerbéviller, entre les mains de Thiébaut Ier qui les fit conduire et enfermer dans le château de Bar (2). Le comte de Salm fut aussi au nombre des seigneurs prisonniers.

Le duc de Lorraine ne recouvra la liberté qu'en signant, le 2 novembre 1208, un traité extrêmement onéreux pour lui et qu'il s'obligea à faire garantir par Eudes III duc de Bourgogne et par ceux de ses vassaux qui, faits prisonniers en même temps que lui, avaient été rachetés. Parmi ceux-ci figure, au sixième rang, Henri II, comte de Salm, dont le nom est précédé de ceux de Henri, comte des Deux-Ponts, Gilon de Cons, Ferry comte de Toul, Simon sire de Joinville et Hugues de la Fauche; après lui viennent Simon, seigneur de Parroye, Philippe de Florenges, Milon de Vandières, Albéric de Rosières et dix-huit autres seigneurs (3).

---

(1) ALBÉRIC, *Chronic.* ad. an. 1207.

(2) ALBÉRIC, *Chronic,,* ad. an. 1208.

(3) D. CALMET, II, col. 135, IV, col. CCLXXVI; BERTHOLET, IV, p. 294-297; DIGOT, II, p. 12-15.

Par un acte, daté de Blâmont le 2 décembre 1208,
Bertram, évêque de Metz, avec l'archidiacre Bertram, le comte Henri de Salm et son épouse apla-
nissent une contestation entre les abbés de Honcourt
et de Haute-Seille, à cause des dîmes de Varco-
ville (1).

Les religieux de l'abbaye de Senones s'étant sou-
levés contre leur abbé, auquel ils reprochaient « de
ne pas leur accorder ce qu'ils étaient accoutumés
à recevoir », l'abbé Henri (1206-1225) eut recours
aux bons offices de Henri II, voué de l'abbaye, et de
la comtesse Judith, son épouse. Il les pria de venir à
l'abbaye, de parler aux moines et de les ramener à
l'obéissance. Richer, qui seul nous renseigne sur cet
événement, ajoute que le comte et la comtesse de
Salm employèrent si efficacement les prières, les
promesses ou les menaces, qu'enfin les moines se
soumirent à l'abbé Henri, et la paix fut rétablie dans
le monastère.

Mais, continue Richer, l'abbé se considéra depuis
comme l'obligé du comte, si bien que celui-ci fit, avec son
consentement et sans nulle contradiction, tout ce que
bon lui semblait, comme sur son propre domaine. Il
levait des tailles et autres exactions, sur les hommes du val
de Senone, aussi librement que s'il en eût eu le droit
auparavant. D'où vient que l'abbé disait souvent à ses
religieux, en frappant sa poitrine : *Væ mihi ! Quid
feci?* car, lorsque je fus élu abbé de Senone, c'est à
peine si le procureur de ce lieu prenait, dans tout le val,

----

(1) Orig. N. D. A. H. 578. Cf. *Jahrbuch,* 1893, 1re partie,
p. 88.

quatre livres ou cent sols toulois, que l'on appelait *précaire*, et j'ai enduré que ces cent sols soient devenus des livres (1).

Le terme *précaire*, dont se sert Richer sans le définir, représente sans doute les redevances exigibles des sujets établis dans le val de Senones et auxquelles ceux-ci étaient déjà soumis un siècle auparavant. L'accord de 1125, établi par l'évêque de Metz, en déchargeant l'abbé et le monastère de Senones de certaines redevances attribuées au voué, reconnut, en effet, qu'elles sont dues par les sujets des bans de Senones, de Vipucelle et de Plaine. Si les revenus tirés par le comte de Salm du val de Senones avaient progressé dans la proportion indiquée par Richer, il serait sans doute plus juste de mettre cette augmentation sur le compte d'un accroissement du nombre de sujets soumis à la taille; ce serait en définitive un signe de progrès dans le développement des exploitations rurales et forestières dans le val de Senones, progrès alors tout à l'honneur de l'abbé et du voué.

La donation que Henri II, comte de Salm, Judith son épouse, Henri et Ferry ses fils firent à l'abbaye de Senones, de leur fief de Domjevin, avec ses dépendances situées à Herbéviller et à Blumerey, est une preuve de leurs bonnes intentions à l'égard de ce monastère. Dans la charte, qui fut expédiée à Senones même le lendemain de la fête de saint Si-

____

(1) RICHER, l. IV, ch. 22, *Mon. Germ. hist. SS*, p. 311.

méon (*a*), en l'an 1219, il est dit que cette donation se fit, en présence de plusieurs témoins, en mettant un gazon sur l'autel des apôtres saint Pierre et saint Paul; que l'abbé et la communauté de Senones, en reconnaissance de la libéralité du comte, lui donnèrent soixante livres de messins (1).

Henri II, avec l'assentiment et l'approbation de Judith, son épouse, et en mémoire de son père, de sa mère et pour son propre salut, donna aussi à l'abbaye de Saint-Sauveur sa libre chapelle du château de Pierre-Percée, avec toutes les dîmes sur les produits de labour, les vins, les vaches, les veaux, les fromages, les chevaux et les porcs (2).

En juin 1220, le comte de Salm est en guerre avec Aubert, sire de Darney, et Henri, son frère (3); on en ignore le motif.

En juin 1224, Henri II déclare qu'il est devenu homme lige de Mathieu, duc de Lorraine, contre tous, après l'évêque de Metz; qu'il a repris en fief la seigneurie de Lafrimbolle et le ban de Domjevin, avec toutes leurs dépendances et qu'après lui, son *cher fils Henri* ou son fils Ferry deviendraient hommes liges du duc de Lorraine. Il ajoute que

------

(*a*) Il s'agit de saint Siméon, 7e évêque de Metz après saint Clément, dont la commémoration se fait le 18 février.

(1) D. CALMET, *Hist. de l'abb. de Senones,* éd. Dinago, p. 107. Richer se garde bien de mentionner cette donation.

(2) Abbé CHATTON, *Hist. de l'abb. de Saint-Sauveur. Mém. S. A. L.* 1898, p. justif., p. xiii. Cette pièce, en copie moderne, n'est pas datée.

(3) *Doc. sur l'hist. de Lorr.,* 1893, p. 105.

toutes les discordes et querelles, tant au sujet de la part d'héritage qu'il réclamait du chef de sa femme, qu'à l'endroit de leurs autres querelles, seraient terminées par la paix avec le duc Mathieu (1).

Les analyses d'actes qui suivent se rapportent à des engagements pris à l'occasion d'emprunts effectués, tant par le comte de Salm lui-même que par le duc de Lorraine auquel il sert de caution.

Ainsi, le 30 novembre 1228, le maître échevin de Metz et les treize jurés de la paix déclarent que lorsque le duc Mathieu aura payé les 9 livres messins qu'il doit à Bertrand de Jurne et les 96 livres qu'il doit à la femme de Gaucher le Mercier pour la dette d'Huguin Liétant, il sera entièrement libéré, ainsi que les cautions qu'il avait fournies, savoir le comte de Sarrebruck, le comte de Salm et Henri, son fils (2). Le 7 novembre 1231, Henri, comte de Salm, promet d'indemniser son cher seigneur Mathieu, de 35 livres 10 sols de messins, dont le duc s'est porté caution envers Baudoin Trustan (3). Le 25 novembre 1231, Henri, comte de Salm, et Ferry, son fils, déclarent avoir constitué Mathieu, caution envers Godefroy des Arvolz (*de Arcis volutis*) et son fils, de 36 livres de messins, en promettant d'indemniser ledit Mathieu (4).

Mars 1234. Lettres de non-préjudice de Henri, comte de Salm, et de Ferry, son fils, pour Jean Ier

_____

(1 et 2) *Docum.*, etc., 1893, p. 138.

(3 et 4) *Docum.*, etc., 1893, p. 157. Je n'ai pu identifier cette localité d'*Arcis volutis*. S'agirait-il d'Art-sur-Meurthe?

d'Apremont, évêque de Metz, garant de l'engagement de Remoncourt fait par lesdits Henri et Ferry à Joffroy d'Amance, chevalier, lequel avait pour eux hypothéqué vingt livrées de sa terre au ban de Bioncourt, au profit de deux citains de Metz (1).

Richer, qui a bien soin de passer sous silence les actes louables accomplis par le comte Henri II, consacre tout un chapitre à un épisode que, suivant son habitude, il dramatise à dessein, dans le but évident d'impressionner le lecteur et de l'indigner, cette fois contre les deux fils du vieux comte de Salm, dont l'aîné était d'ailleurs déjà décédé. Voici le récit de cette aventure d'après le texte de Richer :

Arrivons maintenant au comte Henri, dont nous avons déjà parlé, lequel du temps de Wildéric (2) opprima intolérablement l'église de Senones et affligeait les hommes de S. Pierre. Quand son fils Frédéric fut fait chevalier et qu'il le vit tout débilité de vieillesse, il fit ce que son frère projetait de faire s'il eût vécu ; il le chassa du château de Blâmont, et ce qui est indigne à raconter, il le contraignit d'aller à pied, guidé d'un seul valet, jusqu'au château de Pierre-Percée, et de là, d'une traite, jusqu'au château de Salm ; mais l'abbé Baudouin lui donna un cheval. Ainsi, il fut privé de son fils, de son honneur et de sa seigneurie. Il ne jouit guère de sa puissance, depuis ses discussions avec Wildéric ; mais tant qu'il survécut, il passa sa vie en pauvre et déshérité.

____

(1) *Mettensia.* Cart. de l'év. de Metz, I, n° 141, p. 334 ; II, p. 42.

(2) Il s'agit de Vidric, abbé de Senones, de 1224 à 1238. Richer semble oublier ici que c'est à Henri III, fils de Henri II, qu'il attribue, dans un chapitre précédent, les difficultés avec l'abbé Vidric.

Ainsi Dieu récompense ceux qui lui sont opposés. Après sa mort, survenue peu d'années après, il fut inhumé dans l'église S. Pierre... (1).

Ce récit, manifestement tendancieux, contient sans aucun doute un fond de vérité ; mais il faut, pour le découvrir, faire abstraction des détails exagérés et fantaisistes de l'auteur. Il convient tout d'abord de faire justice de ce procédé inique d'attribuer au fils aîné, depuis longtemps descendu dans la tombe, des *intentions* coupables à l'égard de son père. C'est d'autant plus odieux que nous possédons, dans l'acte authentique daté de juin 1224 et analysé plus haut, une preuve de la prédilection que ce père avait pour ce fils aîné qu'il distingue, dans cet acte, de son fils puîné en appelant le premier son *cher* fils Henri. Nous verrons, au chapitre consacré à Henri III, que Richer a dépassé toute mesure à l'égard de ce fils aîné, dont la mémoire a terriblement souffert depuis, uniquement parce qu'il eut le malheur de déplaire à l'écrivain-artiste de Senones auquel tous les auteurs depuis ont emboîté le pas sans chercher à approfondir la valeur de cet impitoyable jugement.

Le comte Henri II, mort plus que nonagénaire (à environ 94 ans), a gouverné pendant près de trois quarts de siècle ; il est possible et même probable que ses fils, tous deux mariés, aient montré quelque impatience à exercer à leur tour le pouvoir. En ce qui concerne Henri, le fils aîné, son père semble lui

______

(1) RICHER, l. IV, ch. 29. *Mon. G. H. SS.*, t. XXV, p. 317.

avoir abandonné la seigneurie de Deneuvre, et même la vouerie de Senones, car, d'après Richer lui-même, c'est Henri III, et non son père, qui entra en lutte contre l'abbé Vidric. Après la mort prématurée de l'aîné, Ferry le puîné aura jeté son dévolu sur la seigneurie de Blâmont, d'autant plus que le château de Deneuvre restait entre les mains de la veuve de Henri III qui en jouissait à titre de douaire.

Ferry a-t-il réellement chassé son père du château de Blâmont ? Nous n'avons aucune preuve ni aucune raison pour le nier; mais Richer abuse certainement de notre bonne foi en nous représentant le comte de Salm comme un malheureux fugitif, réduit à faire pédestrement un long et pénible trajet. Henri II, oncle du duc régnant de Lorraine, traversait en somme les domaines de son comté, et si les localités échelonnées sur son parcours, parmi lesquelles Badonviller formait un centre déjà important, n'avaient pu lui procurer un moyen de transport convenable, du moins le château de Pierre-Percée, qui fut sa première étape, lui offrait-il toutes les facilités désirables pour le reste de son voyage. La donation que le comte Henri II fit à l'abbaye de Saint-Sauveur et qui est mentionnée ci-dessus prouve qu'à Pierre-Percée on pratiquait alors l'élevage des animaux domestiques et notamment des chevaux. Pour qui connaît la topographie des lieux, le récit de Richer relatif à l'intervention de l'abbé de Senones, auquel il attribue le rôle de bon Samaritain, est inexplicable. Senones est presque aussi éloigné de Pierre-Percée que le château de Salm, et le comte

Henri n'aurait pu y passer qu'en faisant un détour appréciable. Or, Richer dit que cette partie du voyage fut faite d'une traite. Le baron F. Seillière qui, mieux que personne, connaissait cette région, écrit :

A l'époque où les deux châteaux de Pierre-Percée et de Salm étaient debout, il fallait de l'une à l'autre de ces forteresses, en partant de Pierre-Percée, gagner Celles, puis arriver sur le chemin de crête de la chaîne de montagnes regardant le nord, dans la vallée de Celles, chemin dit d'Agron, le suivre jusqu'au-dessus du lac de Lamaix, puis longer et traverser les Chaumes et aboutir dans la vallée de Framont, par un chemin très pittoresque, mais d'au moins cinq heures de marche (1).

Devant ces constatations, nous sommes obligé de faire les plus expresses réserves et de considérer le prêt d'un cheval au comte de Salm par l'abbé Baudouin comme une invention fantaisiste destinée à corser l'action de ce drame de famille. Faisons remarquer enfin que le château de Salm ne saurait non plus être considéré comme un lieu d'exil pour le comte Henri II qui, précisément, l'avait fait construire, évidemment avec l'intention de l'habiter. Nous constatons, d'autre part, qu'aucun des actes qui nous sont parvenus de cette époque ne montre Ferry usurpant le pouvoir ou le titre du comte de Salm. Nous l'avons déjà vu, en 1231 et 1234, associé à son père dans les termes suivants : Henri comte de Salm et Ferry, son fils. Ils nous apparaissent encore de

____

(1) F. Seillière, *Doc. pour servir à l'hist. de la princip. de Salm-en-Vosge et de la ville de Senones, sa capitale, dans la seconde moitié du XVIII*e *siècle*, p. 159. Paris, 1898.

même dans un document de 1243, qui devait précéder de bien peu la mort de Henri II, alors âgé de plus de quatre-vingt-dix ans. Par cet acte, daté de l'octave de Pâques 1243, Henri comte de Salm et Ferry, son fils, font savoir qu'ils doivent à Notre-Dame de Saint-Sauveur quatre quartes de seigle et dix-huit sols toulois, que nobles hommes Rudolphe et Rembold, frères, seigneurs de Friacquesing (Fraquelfing), avaient donné à ladite abbaye sur leur alleu de *Badonviller ;* cet alleu ayant été acquis par le comte de Salm, Henri et Ferry déclarent que la redevance annuelle devra être prélevée sur le gerbage des seigles et sur les cens que le *villicus* des comtes lève audit Badonviller, et être fidèlement remise à l'abbé de Saint-Sauveur (1).

En 1244, le comte Henri II donna au monastère de Senones, pour son anniversaire et pour celui de son épouse Judith, une somme de 30 livres toulois, à prendre sur les tailles qu'il possédait au val de Senones. Avec cette somme, les religieux devaient acheter un fonds pour faire ledit anniversaire. Henri II donna, de plus, à l'abbaye de Senones, toute la dîme qu'il possédait à La Neuveville, près de Viviers (2).

Le baron Seillière a fait reproduire deux sceaux de Henri II, appendus à des chartes de 1189 et 1191. Ce sont deux sceaux équestres ronds, de 70 millimètres, de types différents, et faisant partie de la collection des sceaux de Salm aux Archives natio-

____

(1) *Archives de Meurthe-et-Moselle,* H. 1432.
(2) D. CALMET, *Hist. de l'abb. de Senones,* éd. Dinago, p. 132.

nales. Le premier, portant le n° 1669 du supplément, représente un chevalier tenant une lance garnie d'une banderole, le bouclier portant deux saumons adossés. Inscription : † SIGILLVM. HENRICI. COMITIS. DE. SALMIS. — Sur le second, n° 1670 du supplément, le chevalier couronné brandit une épée, le bouclier portant deux saumons adossés. Inscription : SIGILLVM.... RICI. COMITIS. DE. SALMES (1). — Nous avons fait reproduire (fig. 1) le premier de ces sceaux, le mieux conservé et le plus intéressant.

Fig. 1. — Sceau du comte Henri II.

(1) Baron F. SEILLIÈRE, *Documents pour servir à l'hist. de la principauté de Salm-en-Vosge*, etc., p. 69, pl. 23. *Revue historique ardennaise*, 1894, p. 222.

Henri II mourut très probablement en 1245 ou, au plus tard, en 1246. Richer déclare :

Il fut inhumé en l'église Saint-Pierre, à l'endroit du sépulcre de l'abbé Antoine où fut ensevelie également la femme du seigneur Henri, chevalier de Bayon (1), aux sépulcres desquels *j'ai entaillé des images, feuillages et épitaphes comme il apparaît encore* (2).

Sous l'abbatiat de Dom Calmet, on voyait encore ces tombes : celles de Henri comte de Salm et de sa femme Judith de Lorraine, devant l'autel de la Vierge. « On y remarquait, dit-il, les saumons de Salm et les alérions de Lorraine, avec des fleurs; mais on n'y voyait point d'écriture (3). »

Le fac-similé de la double tombe, avec les ornements sculptés par Richer, d'après un dessin découvert sur le plat intérieur d'un des volumes reliés de l'*Histoire de Lorraine* de Dom Calmet, conservé au presbytère de Senones, a été publié par le baron F. Seillière, auteur de la découverte, qui attribue à Dom Pelletier ce dessin original. Il portait la légende suivante : FAC SIMILE DES PIERRES TOMBALES DE HENRI COMTE DE SALM ET DE JVDITH DE LORRAINE GRAVEES PAR RICHER MOINE DE SENONES, VERS 1245, QVI EXISTAIENT AUTREFOIS DANS L'ÉGLISE DE L'ABBAYE DE SENONES.

---

(1) Henri le Lombard, seigneur de Bayon, était le frère de Judith, épouse du comte Henri II de Salm. Sa femme se nommait Agnès de Riste.

(2) RICHER, l. IV, ch. 29. *Mon. G. H. SS.*, t. XXV, p. 317.

(3) D. CALMET, *Hist. de l'abb. de Senones*, éd. Dinago, p. 132.

Au bas du dessin original on lisait : « Tombes qui
sont dans l'église abbatiale de Senones » et autour,

Fig. 2. — Fac-similé des pierres tombales de Henri II, comte de Salm,
et de Judith de Lorraine, gravées par Richer, moine de Senones, vers 1245.

d'un côté : HENRICVS. II. COM. SALM. OBIIT.
CIRCA. ANNVM. M CCXLII ; et de l'autre : JVDITH.
SEV. IOATTA. VXOR. HENRICI. SALM. (1).

Henri II et Judith ou Joatte de Lorraine eurent :
1° *Henri III* ; 2° *Ferry*, qui suivent ; 3° *Jean* (2) ;
4° *Judith* ; 5° *Lorette* ; 6° *Agnès*, abbesse de Remire-
mont après Agathe de Lorraine.

HENRI III. — Henri III, fils aîné de Henri II,
n'a pas été investi du pouvoir comtal, étant mort
une vingtaine d'années avant son père. Celui-ci
lui avait cependant cédé par avance les seigneuries de Deneuvre et de Viviers. Héritier d'une
lignée illustre et déjà uni par le mariage à Marguerite, fille du comte de Bar, Henri III voyait
s'ouvrir devant lui un brillant avenir, et l'ambition
que lui reproche Richer, d'avoir aspiré à l'Empire, ne paraît pas plus extraordinaire chez lui que
chez la plupart des prétendants d'outre-Rhin qui,
sans doute, avaient les préférences de l'écrivain-
artiste.

---

(1) Baron F. SEILLIÈRE, *Documents*, etc., p. 41, pl. 12. Ce
dessin, reproduit par le baron F. Seillière, avait été commu-
niqué par lui à Ch. Fontaine, qui l'a fait reproduire dans son
Recueil des différents monuments du diocèse de Saint-Dié,
publié en 1875 par A. Humbert, à Saint-Dié. M. G. Save, de
son côté, l'a publié, dans la *Lorraine artiste* de l'année 1886.
Enfin, le baron Seillière a fait graver le trait des dessins sur
des dalles de pierre, par M. Levasseur, sculpteur à Nancy.
Ces dalles ont été placées par ses soins dans la chapelle historique de l'église de Senones.

(2) Mentionné par D. CALMET, VII, col. 179 ; par BERTHOLET,
IV, p. 299, et par FAHNE, I, p. 56, avec les dates 1215 et
† av. 1224, sans doute en bas âge.

Une brouille, qui éclata entre Henri III et l'abbé Wildéric de Senones, semble avoir exercé une influence néfaste sur la destinée de ce fils aîné et chéri du comte Henri II et de Judith de Lorraine. Voici le motif de cette querelle, qualifiée par Dom Calmet de fâcheuse affaire :

Le comte Henri prétendit que Jean et Geoffroy, hommes d'armes de Couvay (1), frères de l'abbé Wildéric, et Raoul d'Oustrois, autrement dit d'Outray (2), étaient ses vassaux et demeuraient sur ses terres (*dicens eos esse de familia sua*). Ces trois hommes d'armes soutenaient au contraire qu'ils ne dépendaient en rien du comte de Salm. Celui-ci fit alors saisir tout ce qu'ils possédaient dans le comté et les fit arrêter eux-mêmes.

L'abbé Wildéric, prenant part à cette querelle, bien qu'elle n'intéressât pas directement l'abbaye de Senones, fit citer le comte devant les évêques de Metz et de Toul. On plaida longtemps sans résultat. Enfin Wildéric prit une résolution d'éclat, croyant par là émouvoir et faire fléchir son adversaire. Il fit sortir tous ses religieux du couvent de Senones, en emmena une partie avec lui à Rambervillers et envoya les autres à Léomont, où il fit porter le corps de saint Siméon, que l'on tira de la châsse d'argent où il

---

(1) *Couvay*, hameau de la comm. d'Ancerviller, cant. de Blâmont. En 1238, les seigneurs de Couvay étaient voués du ban de Vézeval appartenant à l'abbaye de Moyenmoutier et situé près de Raon-l'Étape. Cf. L. JÉROME, p. 323.

(2) *Outray* était une maison ou un petit village situé sur le ruisseau et dans le vallon à l'ouest de La Petite-Raon; il y avait aussi un moulin (note de D. Calmet, éd. Dinago, p. 119).

était enfermé. Il ne demeura dans le monastère que
cinq religieux qui étaient attachés au comte de Salm
et qui ne jugèrent pas à propos d'en sortir, le comte
leur fournissant la subsistance nécessaire. Cet attachement opiniâtre au comte et cette demeure dans
l'abbaye sans le consentement de Wildéric aigrirent
cet abbé, qui se plaignit de leur désobéissance aux
évêques de Metz et de Toul; ceux-ci, d'après Richer,
furent d'avis que les religieux rebelles devaient être
mis en prison. Quatre d'entre eux furent en effet
arrêtés et enfermés dans une tour à Rambervillers;
le cinquième, s'étant trouvé absent, évita le sort de
ses confrères.

Les choses étaient portées de part et d'autre à un
tel excès que l'on se rendit compte enfin que Henri III
et l'abbé ne vivraient jamais en paix, à moins que les
frères de Wildéric ne s'accordassent avec le comte.
Les trois vassaux ayant fait leur soumission, le comte
Henri leur rendit entièrement tout ce qu'il leur avait
ôté et leur délivra là-dessus des lettres patentes. De
son côté, l'abbé retourna à Senones avec ses moines,
et les religieux prisonniers furent remis en liberté (1).

Cette solution du conflit laisse tout au moins l'impression que les torts n'étaient pas tous du côté du
comte de Salm, puisque, malgré le recours aux évêques de Metz et de Toul de l'abbé Wildéric, celui-ci
ne put obtenir gain de cause.

« La paix, dit Richer, fut ainsi rétablie entre l'abbé et
le comte »; mais la suite de son récit témoigne claire-

______

(1) Richer, l. IV, ch. 25. *Mon. G. H. SS.*, t. XXV, p. 313.

ment qu'il subsista des ferments de discorde se manifestant par des altercations parfois violentes, dont l'une a été notée soigneusement par l'auteur des *Gestes de l'église de Senones*. Celui-ci avait personnellement voué à Henri III une inimitié dont il le poursuivit jusque dans la tombe. On en jugera par le passage suivant de sa chronique :

Ledit Henri vécut longtemps en mariage sans avoir d'enfant, ce qui chagrina fort son épouse, qui finit par s'adresser à un chapelain expert en la connaissance des choses naturelles, le sollicitant de lui indiquer le moyen de concevoir de son mari. Le clerc naturaliste leur donna un breuvage qui eut l'effet désiré; mais le comte en fut tellement débilité qu'il tomba en une maladie de langueur dont il mourut quelque temps après. En somme, tant qu'il vécut, il molesta grandement notre église. A la vérité, c'était un guerrier superbe, se fiant outre mesure à sa jeunesse et à sa vigueur; il aspirait au royaume d'Allemagne, nonobstant de grandes dettes, entraîné ainsi à opprimer et à piller l'église de toute façon. Il advint que Wildéric, abbé de ce lieu, vint à lui demander de restituer certaines choses enlevées à notre église. (L'entretien eut lieu en ma présence dans la chapelle Saint-Nicolas, à Deneuvre.) Le comte, fort en colère, jura par saint Nicolas qu'avant que la Saint-Remi fût passée, il molesterait notre église et l'abbé, et qu'il aimerait mieux être outre mer sans espoir de retour que d'y faillir. Ce que Dieu tout-puissant a voulu venger de son occulte jugement; car peu après, vers la fête de saint Remi, étant affaibli de son breuvage, il se mit au lit et mourut. Entre tous les méfaits que de son vivant il s'était proposé d'accomplir, celui-ci est énorme à raconter. Il conspirait à déposséder le comte et la comtesse ses parents et à les enfermer dans un monastère, afin de posséder tout le comté. La comtesse, sa mère, ayant appris la nouvelle de sa mort,

émue du bruit déjà trop répandu, commanda de le porter
hâtivement (*quantocius*) à Haute-Seille, pour l'y ense-
velir ; il fut ainsi fait. La nuit suivante, on entendit au
sépulcre une voix comme celle d'un homme se plaignant ;
le matin venu, on le tira hors du sépulcre et, bien que le
jour précédent on l'eût couché sur le dos, on le trouva
retourné, la face contre terre. Les fossoyeurs virent ainsi
que lorsqu'ils l'ensevelirent, il n'avait pas encore rendu
le dernier soupir. De là, on peut voir que ceux qui s'enor-
gueillissent contre Dieu ne parviennent guère ou jamais
au milieu de leurs jours, car Dieu abat toutes choses
superbes (1).

Ce récit dramatique, avec ses insinuations et son
dénouement tragique, que l'auteur se plaît à considérer comme providentiel, montre une tendance trop
manifestement malveillante pour être admis de confiance. Un examen attentif fait ressortir que cette
fois encore Richer a dépassé la mesure en attribuant,
d'une part au chapelain de Henri III, d'autre part à
sa mère et aux religieux de Haute-Seille, le rôle d'exé-
cuteurs de la justice divine. Le chapelain, en effet,
il l'accuse d'avoir causé la mort du jeune comte en
l'empoisonnant avec ses drogues ; en termes insi-
nuants, il laisse planer, sur la comtesse Judith, le
soupçon horrible d'avoir fait inhumer hâtivement
son fils alors qu'il était encore vivant ; enfin, il
attribue un rôle bien peu charitable aux religieux de
Haute-Seille. Ceux-ci, ayant entendu des gémisse-
ments au milieu de la nuit, sans doute pendant qu'ils
étaient réunis au chœur pour les matines, auraient

______

(1) RICHER, l. IV, ch. 28. *Mon. G. H. SS,* t. XXV, p. 316-
317.

eu la cruauté d'attendre jusqu'au jour pour procéder à l'exhumation.

On arrive ainsi à se demander si tout cela n'est pas un de ces contes fantastiques, si répandus en Alsace et dans les Vosges, et qui faisaient les frais des longues veillées d'hiver de nos ancêtres. La mort et l'inhumation de Henri III ayant eu lieu à une certaine distance de Senones, l'éclosion de cette légende en a, certainement, été favorisée. D'autre part, Richer n'ayant commencé à écrire sa chronique que vers 1254, par conséquent plus d'un quart de siècle après l'événement, son imagination pouvait se donner libre cours. L'abbaye de Senones était alors au plus fort d'une lutte contre Henri IV, fils et successeur de Henri III, et cette circonstance n'est sans doute pas étrangère à l'élaboration de ce drame susceptible d'impressionner l'adversaire.

Mais la malignité de Richer ne se manifeste pas seulement par ses inculpations systématiques ; elle se révèle encore par une omission évidente, et d'autant plus grave qu'il s'agit des dernières volontés d'un mourant. Les fautes commises par le jeune et fougueux chevalier eussent-elles été plus grandes encore que celles à lui attribuées par Richer, l'acte omis était de nature à les atténuer dans une certaine mesure. Il s'agit du testament, qui n'a été tiré de l'oubli que par Le Mercier de Morière, lequel l'a publié en 1883 (1), d'après l'original existant aux Archives de Meurthe-et-Moselle. Par ce testament,

____

(1) *Journal S. A. L.*, 1883, p. 188-193.

daté du lendemain de la Saint-Mathieu 1228 (neuf jours avant la Saint-Remi), Henri III (*dominus Henricus, comitis Salmorum primogenitus*) donne en aumône, à l'abbaye de Haute-Seille, le moulin de La Broc, avec les prés, cense et l'intégralité de l'alleu ; à l'abbaye de Salival, le moulin qu'il avait autrefois acquis de ce côté ; à l'*église de Senones*, ce qu'il possède dans le moulin de Tomblaine ; il réduit, en outre, le cens de sa terre de Deneuvre de 8 sols toulois en faveur du prieuré de Mervaville, et de 8 sols en faveur de l'abbaye de Saint-Sauveur, pour l'entretien des lampes. Il quitte le seigneur Albéric de Rosières de sa rançon et le dispense des lettres qu'il devait faire au comte de Salm. Il fait ces legs avec l'approbation et l'assentiment de son père, le comte Henri, et de Joatte, sa mère, et aussi de son épouse Marguerite et de Ferry, son frère. Les témoins furent : Pierre, prêtre de Blâmont et Sygard, Werric le Vogien, Vauthier d'Igney, Gérard de Herbéviller, Jean Platemuse, Bon Vallet, Mathieu, Pélerin de Morhange, Henri de Mont. Le testament fut revêtu des sceaux de Henri comte de Salm, de Henri, son fils, et de Marguerite, épouse de ce dernier (1).

Richer ne pouvait ignorer l'existence de ce testament, dont bénéficièrent l'abbaye de Senones et le prieuré de Mervaville qui en dépendait. Mais la mention de ces libéralités aurait projeté sur le sombre tableau tracé par le moine-artiste de Senones un rayon de lumière sans doute jugé inopportun, car il

---

(1) *Journal S. A. L.,* 1883, p. 188-193.

eût considérablement affaibli la force démonstrative d'un dénouement auquel il fallait laisser le caractère d'un châtiment justement mérité. Mais l'histoire impartiale ne saurait admettre le jugement occulte ainsi rendu par Richer, sur son unique témoignage. L'examen consciencieux et approfondi des faits de la cause démontre que les fautes imputées à Henri III doivent bénéficier de larges circonstances atténuantes et qu'elles ne justifient d'aucune façon la flétrissure que l'écrivain senonais a voulu imprimer à sa mémoire.

Après son mariage, Henri III fut mis en possession des châteaux de Deneuvre, de Viviers et de Morhange. Le premier fut assigné comme douaire à sa femme, Marguerite de Bar. En ce qui concerne les deux autres, un acte de reprise du mois de mai 1222 témoigne que Henri, fils aîné du comte de Salm, déclare avoir reçu, en fief et hommage lige du comte de Bar, les châteaux de Viviers et de Morhange (1). On peut ainsi admettre que ces deux seigneuries sont entrées en possession de la maison de Salm par le mariage de Henri III et de Marguerite de Bar.

Le père Benoît Picart et Dom Calmet ont confondu Henri III avec son père Henri II, en lui attribuant deux fils : Frédéric et Henri. Frédéric, qui devint comte de Blâmont, était non son fils, mais son frère.

Le nom de la femme de Henri III a donné lieu également à une confusion qu'il ne m'a été possible d'éclaircir que grâce au testament analysé plus haut

---

(1) H. LEPAGE, *Les Communes de la Meurthe*, art. Viviers.

et d'où il ressort, sans doute possible, qu'elle se nommait Marguerite. Or, Benoît Picart (1), Dom Calmet (2), Bertholet (3) lui attribuent tous le prénom de Sybille. Voici ce que nous apprend à son sujet Du Chesne (4), au chapitre consacré aux enfants de Henri II, comte de Bar, et de Philippe de Dreux : « N..... de Bar, nommée Sibylle par Jean Bertels, eut deux maris : le premier, Henri de Salmes, comte de Blâmont, ainsi que le remarque Baudouin d'Avesnes en ses chroniques. Sibylle de Bar se remaria à Louis de Los, comte de Chiny, deuxième fils d'Arnoul, comte de Los, et de Jeanne, héritière du comté de Chiny. »

Il y a, dans ce passage, une double erreur certaine : la veuve du comte de Blâmont, qui s'unit par un second mariage à Louis V comte de Chiny, se nommait, non pas Sybille, mais Jeanne, et elle figure dans de nombreux documents, à côté de son second mari, sous le nom de Jeanne de Blâmont. D'autre part, cette fille du comte Henri II de Bar et de Philippe de Dreux avait été mariée, non à Henri III de Salm, mais à son frère Frédéric ou Ferry de Salm, devenu comte de Blâmont après la mort de son père, Henri II, comte de Salm, vers 1245.

Du Chesne cite le nom d'une deuxième fille de Henri II, comte de Bar, et ce nom est précisément

---

(1) *Hist. de Toul,* p. 40 et 44.
(2) *Hist. de Lorr.,* II, col. 382.
(3) *Hist. du Luxemb.,* IV, p. 300.
(4) Du Chesne, *Histoire généal. de la maison royale de Dreux, etc. Hist. de la maison de Bar-le-Duc,* p. 37. Paris, 1631.

celui de Marguerite; mais nous savons d'une façon certaine qu'elle fut mariée à Henri II, comte de Luxembourg. L'idée vient tout de suite que Marguerite de Bar, mariée à Henri III de Salm et devenue veuve en 1228, a pu contracter mariage avec Henri II de Luxembourg, dont les fiançailles eurent lieu précisément en 1231. Mais, quelque séduisante que soit cette solution, nous devons la rejeter pour la raison bien simple qu'au moment de leurs fiançailles Henri II de Luxembourg venait seulement d'atteindre l'âge nubile et que Marguerite de Bar n'avait pas encore atteint l'âge requis (1).

Fahne (2) donne pour épouse à Henri III Agnès, fille, dit-il, de Renaud, comte de Bar. Or, ni le généalogiste Du Chesne, ni aucun autre auteur, n'ont signalé cette alliance. Renaud II, d'après ces auteurs, n'aurait eu que quatre fils de son mariage avec Agnès de Champagne, savoir : 1º Henri Ier, comte de Bar, tué en Terre Sainte, le 19 octobre 1191, sans laisser de postérité; 2º Thibaut Ier, comte de Bar; 3º Renaud, évêque de Chartres; 4º Hugues, prévôt de cette Église. Un mariage de Henri III de Salm avec une fille de Renaud II, déjà mort en 1170, présenterait d'ailleurs une disproportion d'âge peu favorable à l'opinion émise sans preuve par Fahne.

Donc, à moins d'admettre que le comte Henri II de Bar ait eu deux filles du nom de Marguerite, ce

------

(1) BERTHOLET, IV, p. 417. L'âge requis, c'est-à-dire l'âge nubile. Or, Marguerite, épouse de Henri III de Salm, devenue veuve, avait un fils, qui fut Henri IV.

(2) *Geschichte der Grafen*, etc., p. 56.

qui n'est guère probable, il faut croire que la femme de Henri III de Salm fut, non sa fille, mais sa sœur; elle serait ainsi la fille de Thibaut Ier, comte de Bar, marié successivement à : 1º Lorette de Los; 2º Ysabeau de Bar-sur-Seine; 3º Ermenson de Namur. Le généalogiste de la maison de Bar (1) ne mentionne que trois filles nées de ces trois unions : 1º Agnès de Bar, mariée à Frédéric, fils de Frédéric de Lorraine, comte de Bitsche et de Lod. de Pologne; 2º N..... de Bar, qui épousa Hugues de Châtillon; 3º Ysabeau de Bar, mariée à Waleran de Limbourg. Mais Du Chesne a pu omettre le nom d'une quatrième fille, du nom de Marguerite, qui, à cause des conditions d'âge, aurait été la dernière née d'Ysabeau de Bar ou d'Ermenson de Namur.

Après la mort prématurée de Henri III de Salm, Marguerite de Bar, sa veuve, paraît s'être consacrée à l'éducation de son fils unique qui, une vingtaine d'années après, dut, pour se mettre en possession du comté de Salm, entrer en lutte ouverte avec son oncle Ferry dont il va être question. Richer (2) nous apprend que le château de Deneuvre avait été constitué en douaire à la femme de Henri III et que celle-ci en jouit jusqu'à sa mort.

FERRY DE SALM, SIRE DE BLAMONT. — C'est en 1219, dans l'acte de donation à l'abbaye de Senones du fief de Domjevin, que le nom de **Ferry**

---

(1) Du Chesne, *ibid.*, p. 31.
(2) Richer, l. IV, ch. 31. *Mon. G. H.*, t. XXV, p. 318.

apparaît pour la première fois, à la suite de ceux de son père, le comte Henri II, de sa mère Judith et de son frère aîné Henri (1). Il figure ensuite dans l'acte d'hommage de juin 1224 où Henri II, comte de Salm, déclare qu'après lui son cher fils Henri ou son fils Ferry deviendraient hommes liges du duc de Lorraine (2).

En 1225, il est marié, si l'on s'en rapporte à un accord passé entre Wildéric, abbé de Senones, et Ferry de Blâmont, au nom de sa femme, la dame de Dombasle, relativement à une pièce de terre située au-dessus de Crévic (*in colle de Culvi*) (3).

Quelle était cette dame de Dombasle? Nous savons que Ferry, ou Frédéric, fut marié à Jeanne de Bar, fille de Henri II, comte de Bar et de Philippe de Dreux. Est-ce elle qui, dans l'acte de 1225, est qualifiée dame de Dombasle? Nous ne le croyons pas et voici nos raisons. Après la mort de Ferry, survenue vers 1257, Jeanne, qui portait alors le titre de dame de Blâmont (*domina Johanna Albimontis*), s'unit en secondes noces, dès 1257, à Louis, fils puîné d'Arnulphe de Looz et de Jeanne de Chiny (1227-1268) et devenu comte de Chiny, en 1268, sous le nom de Louis V. En 1257, celui-ci n'avait certainement pas encore atteint sa trentième année. Or, si la dame de Dombasle et Jeanne de Bar étaient la même personne, celle-ci aurait eu au moins cinquante ans au moment

____

(1) Voir *supra,* p. 127.
(2) Voir *supra.* p. 128,
(3) Du Fourny, *Inventaire des titres,* etc., t. X, 2ᵉ partie.
Abb. de Senones. *Mém. S. A. L.* 1890, p. 91.

de ce second mariage (1). Il faut donc admettre que la dame de Dombasle (2) et Jeanne de Bar, devenue Jeanne de Blâmont, ne sont pas la même personne sous des dénominations différentes, comme on l'a cru jusqu'ici, et que Ferry de Blâmont a contracté deux mariages.

En 1225, Ferry fut choisi comme arbitre par le sire de Ristes et le prieur de Flavigny (3). Nous le trouvons ensuite s'engageant, avec son père, par un acte du 25 novembre 1231, à indemniser le duc Mathieu de Lorraine qui leur servit de caution pour une dette de trente-six livres de messins. Il figure de même, avec son père le comte Henri II, dans une lettre de non-préjudice, datée de mars 1234, pour Jean d'Apremont, évêque de Metz, garant de l'engagement de Remoncourt fait par eux à Joffroy d'Amance (4).

Nous avons dit, à l'article consacré au comte Henri II, ce que nous pensions du drame de famille

---

(1) H. Goffinet, *Les Comtes de Chiny*, p. 323 et 382. Arlon, 1880. L'auteur fait erreur en attribuant au premier mari de Jeanne le nom de Henri, comte de Salm. En 1257, le comte de Salm était Henri IV, fils de Henri III mort en 1228 ; ce dernier, nous l'avons vu, était marié à Marguerite de Bar que nous considérons comme la tante de Jeanne de Bar. Coïncidence bizarre, Butkens, *Troph.*, I, 210, nomme cette dernière Sibylle, prénom qui a été également attribué à l'épouse de Henri III de Salm.

(2) Il est à remarquer que la maison de Dombasle portait : *de sable à deux saumons adossés d'argent, l'écu semé de croix recroisetées au pied fiché d'argent*, armes qui, à la seule différence de la couleur de l'écu, sont celles de la maison de Salm.

(3) *Mém. S. A. L.* 1890, p. 91.

(4) Voir *supra*, p. 129.

raconté par Richer, et dont la partie relative au trajet à pied imposé par Ferry à son vieux père est tout à fait invraisemblable; mais l'attitude hostile et coupable de ce fils puîné, s'ingéniant à accaparer tout l'héritage paternel au mépris des droits du jeune fils de son frère aîné Henri III, cette attitude répréhensible rend très plausible le reproche d'ingratitude à l'égard de son père.

La dénomination Ferry de *Blâmont*, qu'il prend dans l'acte de 1225, semble indiquer que, dès cette époque, Henri II avait associé ses deux fils à l'administration du comté. Il aura attribué à l'aîné les seigneuries de Deneuvre, de Morhange et de Viviers; et à Ferry, le puîné, la seigneurie de Blâmont. Il aurait ainsi conservé les châteaux de Salm, de Pierre-Percée, peut-être aussi celui de Morhange, et le titre de *comte de Salm* (1) qu'aucun de ses fils n'a porté de son vivant.

Le mariage de Ferry de Salm avec Jeanne de Bar est antérieur à l'année 1242, où ils firent avec Thibaut II, comte de Bar, leur frère et beau-frère, un traité d'alliance défensive contre tous, l'évêque de Metz excepté; cette alliance devait durer même si Jeanne mourait la première (2).

Sur l'acte de 1243, relatif à Saint-Sauveur et Badonviller, analysé plus haut, Ferry figure encore, sim-

-----

(1) Parmi les seigneurs assistant à la cérémonie de la consécration épiscopale de Jacques de Lorraine, en janvier 1239, figure Frédéric, *comte de Blâmont*. BÉNÉDICTINS, *Hist. gén. de Metz*, t. II, p. 434. Ici le titre de comte doit être pris dans le sens de seigneur, celui de comte étant purement honorifique.

(2) D. CALMET, VII, col. CCCCLVII.

plement associé à son père, dans les termes suivants :
Henri, comte de Salm et *Ferry son fils* (1).

Le comte Henri II paraît être mort peu après
1244, probablement en 1246, car l'acte dont l'analyse va suivre prouve que, dès le début de l'année
1247, Ferry de Salm se mettait en mesure d'accomplir le devoir féodal de reprise des fiefs, qui ne pouvait
être différé de plus d'une année.

Le 13 janvier 1247 (n. st.), Ferry de Salm fait
connaître qu'il a promis « à monseigneur et à son
cousin Jacques, évêque de Metz, que, s'il plaît à
Dieu qu'il puisse retenir le château et le bourg de
Blâmont, par paix faite avec son neveu Henri de
Salm, il reprendra lesdits château et bourg de Blâmont et appendances de son dit cousin Jacques,
évêque de Metz, ligement, en fief et en hommage,
dans les deux mois qui suivront la paix rétablie,
sous peine de mille marcs d'argent; que, dans le
demi-an après le jour de la reprise du château de
Blâmont de son devant dit seigneur et cousin Jacques, évêque de Metz, ce dernier doit lui payer
cinq cents livres de messins » (2).

L'éventualité prévue s'étant réalisée dans le courant de la même année, Ferry dut se résoudre à
exécuter sa promesse. Par un acte daté du dimanche
avant la fête de saint Martin (10 novembre 1247),
Ferry, sire de Blâmont, fait connaître qu'il a repris
de « monsignor Jacom, par la grâce de Dieu eveske

---

(1) *Archives de Meurthe-et-Moselle*, H. 1432.
(2) *Mettensia*. Cartul. évêques de Metz, I, n° 186, p. 400.

de Mès » et doit reprendre des autrēs évêques ses successeurs, ligement en fief et en hommage, le château et le bourg de Blâmont et appendances, à l'exception de ce qui doit mouvoir et meut de l'évêque de Toul et du duc. S'il plaît à l'évêque de Metz et à ses successeurs, ils mettront au bourg de Blâmont autant de leurs gens qu'ils voudront, sauf que le donjon du château n'est pas rendable. L'acte fut revêtu des sceaux de Jacques évêque de Metz, de celui de Ferry de Blâmont, et du scel de la cité de Metz (1).

Par une autre lettre de reprise, datée du dimanche après la Saint-Martin (17 novembre 1247), dame Jeanne, douairière de Blâmont, fait la même déclaration (2).

Nous ignorons les détails de la lutte que Ferry de Salm paraît avoir engagée contre son neveu, qui lui réclamait l'héritage paternel. Au cours des hostilités, Ferry aurait été fait prisonnier, si l'on en croyait Richer qui s'exprime comme suit sur ce conflit entre l'oncle et le neveu :

... Finalement, Dieu suscita à Ferry un fort adversaire dans la personne de Henri, son neveu, fils de son frère Henri (III), qui réclamait la moitié du comté de Blâmont.

---

(1) *Mettensia.* Cartul. évêque de Metz, I, nº 181, p. 394. Le texte a été publié par le comte E. DE MARTIMPREY dans *Les Sires et comtes de Blâmont. Mém. S. A. L.,* 1891, p. 124.

(2) MEURISSE, *Hist. des év. de Metz,* p. 462. Il résulte de cet acte que le château de Blâmont avait été constitué en douaire à Jeanne de Bar, épouse de Ferry de Salm, comme celui de Deneuvre à Marguerite de Bar, femme de Henri III de Salm, l'aîné.

Il chercha, tout d'abord, à le leurrer par de belles promesses; mais, enfin réduit par la force des armes, il dut lui abandonner sa part, à savoir : Morhanges et Viviers, les châteaux de Pierre-Percée et de Salm. Ferry retint pour lui Blâmont et le haut château de Deneuvre, lequel toutefois fut possédé par la mère dudit Henri (IV), tant qu'elle vécut, car c'était son douaire... (1).

L'acte de foi et d'hommage du 10 novembre 1247 prouve qu'à cette date le partage du comté de Salm était un fait accompli. Mais, entre la mort du comte Henri II et la prise de possession du fief d'avouerie de Senones par son petit-fils, Ferry, d'après Richer, eut le temps de faire sentir durement son autorité. L'auteur des *Gestes de l'église de Senones* nous renseigne à ce sujet en ces termes :

Ferry de Blâmont, ayant pris en main le pouvoir, devint aussi injuste et pervers à l'égard de ses sujets et voisins, qu'il l'avait été envers ses parents; car il molesta l'église de Senones de telle sorte que nous fûmes contraints à le faire citer, pour avoir raison de ses injustices. Cela lui déplut tellement qu'il attaqua l'abbé Baudouin et tout le couvent avec une telle violence que, non seulement ils furent contraints à lui céder, mais à résigner entre ses mains toutes les querelles et causes, à se soumettre à sa volonté et à reconnaître qu'ils l'avaient gravement offensé. Cette soumission lui causa une grande joie. Au jour assigné, ils firent des lettres stipulant que l'église de Senones aurait deux charpentiers, un cuisinier, un acranteur, un lavandier, un cordonnier et deux pêcheurs; le reste du val de Senones servirait à sa volonté. Ainsi, l'abbé et le couvent, pusillanimes et fai-

---

(1) Richer, l. IV, ch. 29. *M. G. H.*, t. XXV, p. 317.

bles, se soumirent avec empressement à la volonté de
leur voué. Quant à moi, je n'y étais pas présent et ne vou-
drais y avoir assisté... Et cependant jusques au temps
de Henri de Salm, neveu dudit Ferry, l'abbé et le couvent eurent pouvoir comme auparavant sur leurs pêcheurs et toute leur famille, sans aucune contradiction.
Mais Dieu, qui rend à chacun selon ses œuvres, donna
juste récompense audit Ferry de sa trop grande malice;
car dès la première année où il commença à être appelé
comte, jusqu'au dernier jour de sa vie, il ne s'est jamais
vu en bon état : ainsi, pour ses dettes, il était quelques
années détenu à Metz par ses créanciers, il souffrait de la
fièvre ou d'autres infirmités, ou encore, il était détenu
par son neveu, le seigneur de Racpostein (1) qui réclamait
une partie de l'héritage. Aussi, se voyant ainsi accablé,
il vendit à l'évêque de Metz son franc-alleu, le château
de Blâmont avec son bourg, et les reçut de lui en fief (2).

Après l'année 1247, Ferry n'agit plus que comme
seigneur de Blâmont, le comté de Salm et la vouerie
de Senones étant dès lors entre les mains de son
neveu Henri IV. C'est ainsi qu'en septembre 1248,
le duc Mathieu II de Lorraine donne en fief à son
cousin, Ferry de Salm, seigneur de Blâmont, la moitié des bans de Domjevin et de Lafrimbolle, dont il
conserve l'autre moitié; et il est stipulé que si, « par
droit ou par amour », Ferry pouvait racheter quelque

---

(1) Ce nom a été interprété, par tous les auteurs lorrains,
messins, luxembourgeois, comme étant celui de Ribeauvillé,
où la maison de Salm n'a cependant jamais rien possédé.
Nous croyons être le premier à y voir le nom de Hénaupierre,
germanisé en celui de Hunolstein. Nous le démontrerons au
chapitre consacré à Henri IV.

(2) RICHER, l. IV, ch. 31. *M. G. H.*, t. XXV, p. 318.

chose de son neveu Henri de Salm, le duc et lui partageraient (1).

Frédéric ou Ferry de Salm, fils puîné du comte Henri II et de Judith de Lorraine, hérita ainsi des domaines réunis sous le titre de comté de Blâmont et fut le fondateur de cette maison. Il avait conservé les armoiries de la maison de Salm. Son sceau, appendu à un acte original sur parchemin, daté du 24 décembre 1254, montre un grand écusson triangulaire chargé de deux saumons adossés, accompagnés de douze croisettes (2). Il mourut en 1255 ou 1256, et l'on ignore le lieu de sa sépulture.

La comtesse Jeanne, sa veuve, était remariée, dès juillet 1257, à Louis, fils puîné du comte Arnulphe de Looz et de Chiny, devenu lui-même comte de Chiny en 1268 sous le nom de Louis V (3).

Le père Goffinet, dans son ouvrage *Les Comtes de Chiny*, a voulu établir que la comtesse Jeanne de Blâmont mourut avant l'année 1291. Il en voyait la preuve dans une charte originale, datée du 17 septembre de cette année, relative à la famille de Vans et où Isabelle, fille d'Aubertin de Vans, est désignée comme *femme* du comte Louis V de Chiny. Voici le passage visé de cette charte : « Nous, Loys, cuens de Chiny, faisons savoir... que Ysabealz, mai feme, fille Aubertin de Vans, escuwier, qui fuit, Jehennette et Armangars, ses deux serours, ont recognuit, etc. (4). »

---

(1) *Documents*, etc., 1893, p. 225 et 313.
(2) *Arch. nat.* J. 986. Cf. L. VIELLARD, *Doc. et mém.*, etc., p. 189. F. SEILLIÈRE, *Documents*, etc., pl. 69.
(3) H. GOFFINET, *Les Comtes de Chiny*, p. 325; Arlon, 1880.
(4) *Ibid.*, p. 382. *Cartulaire d'Orval*, p. 554.

L'auteur lui-même, par un renvoi au bas de la page, a émis un doute exprimé en ces termes : « A moins de supposer qu'il n'y a dans ce mot *ma femme* qu'une idée de vassalité et que les deux autres sœurs n'aient pas été vassales. » Cette interprétation est la seule admissible; elle s'impose, d'ailleurs, en présence d'un traité passé entre Bouchard, évêque de Metz, et Henri, sire de Blâmont, le 27 février 1291, d'où il résulte qu'à cette date la comtesse Jeanne était encore en vie (1). Elle vivait même encore en 1295, où elle donne quittance à Henri III, comte de Bar, d'une somme de 500 livres de petits tournois qui lui étaient dus par le traité qu'elle avait fait avec lui pour la succession des père et mère dudit Henri III (Thibaut II et Jeanne de Tocy) et de ses frères à elle (Henri de Bar et Renault, seigneur d'Ancerville) (2). Mais elle était sûrement décédée en 1299, comme le prouve une charte, datée du mois d'août de cette année, par laquelle Louis V, comte de Chiny, en exécution des dernières volontés de la comtesse Jeanne de Blâmont, son épouse, donne à l'abbaye d'Orval une maison sise à Ivoix avec ses dépendances et privilèges. Ce document commence ainsi :

Nous Loys, cuens de Chiney, faisons savoir à tous que, com nostre chière *moulhiers* (3) Jehenne, qui fuit jadis avec nous comtesse de Chiney et dame de Blanmont, cui Dieus face merci, eust en sa desrainne volonteit eleuit sa sepouture, pour la religion dou lieu, en l'abbaie d'Orvaul,

---

(1) *Mém. S. A. L.*, 1890, p. 103.
(2) *Ibid.*, p. 91.
(3) De *mulier*, femme.

qui est en nostre warde et siet en nostre terre de Chiney, et les autres chouses de sa desrainne volonteit elle euist mis en nostre disposition, de la queile ensi trespassée de cest siecle, li cors fuit et est mis à honour, honnorablement receus et ensevelis on lieu desourdit (1)...

L'abbé Tillière dit que Jeanne de Blâmont, chargée d'ans et de mérite, s'était pieusement éteinte le 31 août 1296 (2). La date du 31 août est, en effet, celle mentionnée par le nécrologe d'Orval, et Bertholet, le premier, a fixé l'année de la mort *vers* 1296. Mais j'estime qu'elle doit être reculée d'une et même de deux années ; car il n'est pas probable que le comte Louis V ait attendu trois ans avant d'exécuter les derniers vœux de sa chère défunte. C'est donc le 31 août 1298 que la comtesse Jeanne de Blâmont aura été inhumée à l'abbaye d'Orval où, plus tard, lui fut élevé un monument avec une épitaphe fautive, placée dans la chapelle de gauche de l'église Notre-Dame (3).

Les trois enfants du second lit : Thierry, Godefroy et Marguerite, avaient précédé la comtesse Jeanne dans la tombe (4).

Du premier mariage de Jeanne de Bar avec Ferry de Blâmont, le comte de Martimprey n'a connu que trois fils : Henri Ier, Geoffroy et Thomas (5). Mais elle eut, en outre, une fille portant le prénom de Philippe (6).

---

(1) *Cartul. d'Orval,* p. 597-599.
(2) N. Tillière, *Hist. de l'abb. d'Orval,* p. 230.
(3) Bertholet, V, p. 233.
(4) *Ibid.;* H. Goffinet, *Les Comtes de Chiny,* p. 377.
(5) *Les Sires et Comtes de Blâmont,* p. 92.
(6) H. Goffinet, *ibid.,* p. 377.

C'est Henri Ier, l'aîné des fils de Ferry et de Jeanne
de Bar, qui est considéré comme le véritable auteur
de la maison de Blâmont. Il abandonna le nom de
Salm, que son père avait continué à porter, et il mo-
difia les anciennes armoiries de sa famille en suppri-
mant les croisettes du champ de l'écu. C'est sa statue,
en grandeur naturelle, étendue à côté de celle de sa
femme, Cunégonde de Linange, qui figure sur le
monument funéraire actuellement au Musée lorrain,
et provenant des ruines de l'ancienne abbaye de
Saint-Sauveur, où ils avaient choisi leur sépulture (1).

Henri IV. — Henri IV, fils unique de Henri III
et de Marguerite de Bar, fut élevé sous la tutelle de
sa mère et de ses grands-parents, le comte Henri II
et la comtesse Judith, et sous le patronage du duc
de Lorraine, son grand-oncle, et du comte de Bar,
son oncle. C'est grâce évidemment à ces puissants
appuis qu'il put entrer en possession de sa part
d'héritage paternel, qui était entre les mains de
son oncle Ferry, auquel il dut faire la guerre pour
la revendication de ses droits.

Les hostilités commencèrent sans doute aussitôt
après la mort du comte Henri II, en 1245 ou 1246.
L'acte analysé plus haut prouve que le 13 janvier
1247 (*nouveau style*), la lutte n'avait pas pris fin;
mais l'acte de reprise du 10 novembre de la même
année témoigne qu'à cette date la paix était rétablie.
Ferry conservait les seigneuries de Blâmont et de

____

(1) *Mém. S. A. L.*, 1890, p. 128.

Deneuvre, avec la vouerie de Vic, pour laquelle son fils et successeur Henri Ier fit hommage à l'évêque de Metz en 1290 (1). Henri IV, de son côté, fut mis en possession des châteaux de Salm, de Pierre-Percée et de Morhange, ainsi que de la vouerie de Senones.

Avant de porter le titre de comte de Salm, Henri IV se qualifie sire de *Henalpierre* ou *Henaupierre*, et non pas *Ribeaupierre*, comme une mauvaise lecture du texte de Richer l'a fait écrire à Benoît Picart, à Dom Calmet et à tous les auteurs qui les ont suivis. L'erreur ainsi propagée est d'autant plus étonnante que la maison de Salm, pas plus qu'à Bayon, n'a jamais rien possédé à Ribeaupierre, dont le château est situé dans la Haute-Alsace, au-dessus de Ribeauvillé, à l'opposé et très loin du château de Henaupierre (nom germanisé sous celui de *Hunolstein*), qui se trouve dans le Palatinat, région de Trèves, arrondissement de Berncastel. Cette confusion ne se serait peut-être pas produite, si les auteurs lorrains et luxembourgeois avaient connu le véritable nom de l'épouse de Henri IV. Dom Calmet et Bertholet avaient désigné celle-ci sous le nom de Clémence de Rosoi, confondant ainsi le comte Henri IV de Salm-en-Vosge avec le comte Henri IV de Salm-en-Ardenne, dont la femme, effectivement, se nommait Clémence, fille de Roger de Rosoy (2). Benoît Picart donne à

---

(1) Meurisse, p. 483.

(2) D. Calmet, VII, col. CLXXXIV; P. Bertholet, V, p. 330. Clémence de Rosoy appartenait à la maison de Rosoy-sur-Serre (Aisne), qui portait : d'argent à trois roses de gueules,

l'épouse du comte Henri le nom de Lorette du Châtelet (1), amenant ainsi dom Calmet à attribuer, par
erreur, pour mari à Laure du Châtelet, Henri, comte
de Salm (2).

Or, le comte Henri IV de Salm-en-Vosge ou en
Saulnois fut marié, dès 1242, à Lorette de Castres,
fille cadette de Henri II, comte de Castres, et d'Agnès,
comtesse de Sayne (3); elle lui apporta en mariage
le haut domaine du château et de la seigneurie de
Henaupierre, tenus en fief par un voué qui portait
le titre de voué de Hunolstein. Cette alliance est très
sûrement établie par une trentaine d'actes authentiques, se succédant de 1252 à 1291. J'en analyserai,
ci-après, quelques-uns seulement, choisis parmi ceux
qui contiennent des renseignements intéressant la
filiation, assez embrouillée jusqu'ici, des descendants du comte Henri IV.

Par le premier de ces actes, daté du 25 décembre
1252, Henri, comte de Salm, et Lorette, son épouse,
autorisent Nicolas et Jean, frères, voués de Hunolstein, à partager leurs fiefs entre eux (4).

---

barbées d'or. Son sceau et son contre-sceau (1270) sont repro-
duits dans la collection des sceaux de Salm aux Archives na-
tionales. Cf. *Revue hist. ardennaise*, 1894, p. 129.

(1) Benoît PICART, *Hist. de Toul*, p. 44. Il nomme le comte
de Salm, Henri V. Or, il s'agit bien de Henri IV, dernier des
comtes de Salm-en-Vosge du nom de Henri.

(2) D. CALMET, *Hist. généal. de la Maison du Châtelet*, p. 21.
Nancy, 1741.

(3) *Sayn*, au-dessous de Coblence. Agnès était fille de
Henri II, comte de Sàyn, comte de Saffenberg, et d'Agnès de
Nassau. *Castres* paraît être Bliescastel, sur la Bliese, entre
Deux-Ponts et Sarrebrück.

(4) FAHNE, *Gesch. der Grafen*, etc. II, p. 24.

Le 2 mai 1256, Henri, comte de Salm, seigneur de Hunolstein, et Lorette, sa femme, font connaître que Jean, frère de Nicolas, voué de Hunolstein, leur fidèle vassal, avec leur consentement, assigne en dot à Christine, sa femme, fille du seigneur Ysenbard, chevalier de Warnesperch (1), tout ce qu'il tient en fief à Atelsphah (2). Cette charte était revêtue de deux sceaux dont voici la description :

1° Celui de la comtesse Lorette, en forme d'ellipse, montre une femme debout, vêtue d'une robe montante serrée à la taille au moyen d'une ceinture. La tête est couverte d'une toque, et le dos d'un manteau garni de cordelières tombant de l'épaule sur la poitrine et qu'elle maintient de la main droite. Le bras gauche, ployé, est étendu et sur la main gantée est posé un oiseau. L'inscription est la suivante, en majuscules gothiques : † S. LORETE. COMITISE. DE. SALMIS. ;

2° Le sceau du comte Henri IV montre un cavalier galopant à gauche tenant de la droite une épée nue, et de la gauche les rênes du cheval et un bouclier triangulaire qui couvre la poitrine. Sur le bouclier figurent deux saumons adossés; entre eux, un trèfle.

Ces mêmes figures sont reproduites deux fois sur le caparaçon du cheval. Inscription en majuscules gothiques : † S. HENRICI/COMITIS/DE SALMIS.

----

(1) Warnesberg, village à 2 lieues de Boulay et de Saint-Avold. Le château était situé sur une montagne, à l'est de Saint-Avold et à l'ouest de Boulay (Moselle).
(2) Localité non identifiée.

Aux places marquées par les barres, les pieds de devant et de derrière du cheval coupent l'inscription.

Le contre-sceau, rond et beaucoup plus petit, figure deux saumons adossés, accostés de quatre trèfles : deux entre les saumons et un de chaque côté. Inscription en majuscules gothiques : SECRETVM MEVM (1).

Le 21 avril 1275, Henri, comte de Salm, Henri et Jean, ses fils, hors de tutelle, cèdent à Nicolas, voué de Hunolstein, leurs droits sur Berncastel et Munzervile (Monzerfeld) en augmentation de fief (2).

Les accroissements de fiefs se multiplièrent dans le cours des vingt années suivantes, au point que la seigneurie tout entière fut engagée au voué qui, finalement, en devint le véritable seigneur (3). Ces engagements, et ceux que nous constaterons plus loin pour notre région, démontrent que le comte Henri IV ne sut échapper aux besoins toujours croissants d'argent se manifestant, à cette époque, chez les plus hauts représentants de la noblesse.

Le 1er avril 1278, Nicolas et Jean, frères, voués de Henaupierre, promettent « à noble et puissant nostre amey signour Henrich, comte de Salmes, et à ses heirs (héritiers) de restituer le chasteil de Henalpierre et toutes les appartenances » qu'ils tiennent en gage, pour 514 livres trévirois (4).

Le 1er avril 1280, Henri, comte de Salm, Henri et

______

(1) FAHNE, II, p. 28 et 30.
(2) *Ibid.*, p. 37.
(3) *Ibid.*, p. 66-67.
(4) *Ibid.*, p. 38.

Jean, écuyers, ses fils, vendent à l'archevêque Henri
de Trèves leurs fiefs de Berncastel et Monzerfeld pour
500 livres trévirois (1).

Le 1ᵉʳ décembre 1281, les mêmes engagent à Henri,
archevêque de Trèves, leurs revenus d'une ferme et
de six villages, pour 50 livres trévirois (2).

Le 20 août 1282, Henri, comte de Salm, Henri,
Jean et Frédéric, ses fils hors tutelle, engagent au seigneur Nicolas, voué de Hunolstein, et à ses héritiers,
le château de Hunolstein et dépendances, pour 1.000
livres trévirois. Les trois frères Henri, Jean et Frédéric, n'ayant point de sceau en propre, ont prié leur
parent, Henri, seigneur de Fourpach, d'apposer le
sien à l'acte (3).

Dans un nouvel acte d'engagement, daté de décembre 1291, figurent Henri, comte de Salm, Jean,
chevalier, et Frédéric, clerc, ses fils (4). A cette
date, Henri, l'aîné, était donc décédé.

Maintenant que nous avons amplement démontré
la qualité de seigneur de Henaupierre, ou Hunolstein, du comte Henri IV, par suite de son mariage
avec Lorette de Castres, nous allons examiner, dans
leur ordre chronologique, les faits relatifs à l'administration du comté de Salm proprement dit. Cet
examen nous fera faire tout d'abord une constatation
importante : c'est l'attitude nettement hostile de

-----

(1) FAHNE, II, p. 44.

(2) *Ibid.*, p. 47.

(3) *Ibid.*, p. 39 et 40. Fourpach ou Forbach, entre Sarreguemines et Sarrelouis.

(4) *Ibid.*, p. 40 et 41.

l'évêque de Metz, Jacques de Lorraine, à l'égard du comte de Salm, son feudataire pour la vouerie de l'abbaye de Senones, mais dont les possessions territoriales en alleu étaient, jusqu'alors, restées indépendantes du temporel de l'évêché de Metz.

L'avènement au siège épiscopal de ce frère du duc Mathieu II de Lorraine devait être fatal au comte Henri IV (1). Nous allons, en effet, assister à l'élaboration d'un plan politique dont la réalisation, dans le cours d'une dizaine d'années, se termina par l'acquisition du haut domaine du comté de Salm par l'évêque de Metz d'une part et le duc de Lorraine de l'autre.

La première manifestation de ce plan d'annexions successives éclata lors du partage du comté de Salm entre Ferry de Blâmont et son neveu, partage favorisé par Jacques de Lorraine moyennant la transformation en fief de l'évêché de Metz de la seigneurie de Blâmont.

Un conflit, qui s'éleva quelques années plus tard entre l'évêque de Metz et le comte Henri IV, est ainsi rapporté par Richer :

Ledit Henri trouva des fontaines d'eau salée à l'endroit du château de Morhange, où il fit creuser un puits et construire des bâtiments propres à faire du sel. L'évêque Jacques y mit opposition et, bien que les constructions

----

(1) L'évêque Jacques de Lorraine, fils de Ferry II, duc de Lorraine, et d'Agnès de Bar, était le cousin du comte de Salm, Henri IV, et celui-ci, par son mariage avec Lorette de Castres, sœur cadette d'Élisabeth de Castres, était beau-frère de Renaut de Lorraine, frère de l'évêque et du duc Mathieu II.

fussent déjà très avancées, il ordonna de les détruire entièrement (1).

Cette destruction, sans doute faite à main armée,
causa de sérieux dommages à Henri IV qui, d'après
Richer, avait fait de grandes dettes pour bâtir ces
salines. L'auteur des *Gestes de l'église de Senones*
ajoute :

Et comme il était advenu à son oncle pour Blâmont,
Henri, dans le besoin, vendit le château de Morhange,
qui était son alleu, au duc de Lorraine et le reçut de lui
en fief (2).

Plus loin, Richer précise que le comte de Salm
vendit son château de Morhange à Ferry le jeune,
duc de Lorraine, pour 700 livres monnaie de Metz,
bien que ce château fût son premier alleu, et qu'il le
reçût du duc en fief (3).

Cet événement est confirmé par un acte, daté du
21 juillet 1255, par lequel Henri, comte de Salm, s'est
reconnu homme lige du duc de Lorraine après l'évêque
de Metz et le comte de Bar, et a repris de lui
Morhange (4).

On peut supposer que c'est pour soustraire son domaine de Morhange à la mainmise de l'évêque de
Metz que Henri IV en fit hommage au duc de Lor-

---

(1) RICHER, l. IV, ch. 32. *Mon. Germ.*, t. XXV, p. 318.
(2) *Ibid.*
(3) *Ibid.*, l. V, ch. 6. *M. G. H.*, t. XXV, p. 334.
(4) *Archives de Meurthe-et-Moselle*, B 566, n° 88. *Archives
de la Meuse*, B 256, fol. 389.

raine. Mais ce n'était pas le moyen de se rendre favorable le suzerain de la vouerie de Senones, dont l'attitude hostile s'accentua, comme l'indique le passage
suivant de la chronique de Senones :

L'évêque de Metz étant averti de ce pacte fut plus qu'auparavant indigné contre le seigneur comte de Salm et
dès lors commença à le contraindre plus âprement que
de coutume (1).

L'hostilité systématique de l'évêque de Metz à
l'égard du comte Henri IV, dès l'an 1251, est mise en
évidence par Richer à l'occasion d'une plainte portée
par l'abbaye de Senones contre un frère naturel du
comte de Salm accusé d'avoir opprimé cette abbaye.
Jacques de Lorraine aurait expressément commandé
à un certain Erric, son prévôt :

Que, toutes les fois où l'abbé de Senones viendrait
se plaindre à lui, il ne faillît pas de mettre la main sur les
biens du comte de Salm, sous peine de perdre sa grâce.
Ce que ledit prévôt s'étudia de faire (2).

Les historiens ont dépeint Jacques de Lorraine
comme un prélat actif, entreprenant, agressif, consacrant tous ses efforts aux intérêts temporels de
l'évêché, dont il occupa le siège pendant vingt et un
ans (1239-1260). Meurisse nous apprend que, dès le
début, il s'appliqua « à rabaisser l'insolence des per-
sécuteurs; qu'il châtia d'abord si sévèrement ceux

---

(1) RICHER, l. V, ch. 7. *M. G. H.*, t. XXV, p. 334.
(2) *Ibid.*, l. V, ch. 6.

qui entreprenaient de le molester qu'il donna la
terreur à tous les esprits remuants et factieux (1) ».
Après la mort de son frère Mathieu II de Lorraine
(1220-1251), il exigea le partage de la succession, et
la dispute qui s'éleva à cet effet entre lui et le duc
Ferry, son neveu, ne fut apaisée que lorsqu'il eut
obtenu satisfaction. Le jeune duc lui céda ce qu'il
possédait à Marsal, à Vic, à Réméréville, à Courbe-
sault, à Gélacourt, à Rambervillers, à Sornéville, à
Villannes et à Buissoncourt. Jacques de Lorraine en
agrandit le temporel de l'évêché de Metz. Il fit restaurer le château de Conflans « tombé de vieillesse »,
le fit entourer de murs et de fossés. Les murailles de
Vic, de Sarrebourg, d'Épinal, d'Harestein (2), de Turquestein et de Rambervillers furent élevées, achevées
ou réparées par lui; il fit également creuser les fossés
de Sarrebourg et les citernes de Harestein et de Turquestein; enfin, c'est à lui que l'on doit la construction
des vingt-quatre tours qui garnissaient l'enceinte de
la ville de Rambervillers (3).

Les religieux de l'abbaye de Senones, certains désormais de trouver auprès du suzerain de leur voué un
appui exceptionnel et puissant en faveur de leurs revendications séculaires, renouvelèrent les doléances
que leurs prédécesseurs avaient si souvent fait valoir

---

(1) MEURISSE, *Hist. des év. de Metz*, p. 458.

(2) Il y avait un château à Arnstein, sur une haute montagne
près de Coblence; mais il s'agit plus vraisemblablement de
Herenstein, dont les ruines se voient sur un rocher ardu et
taillé à pic, entre les châteaux de Barr, de Saverne, de Lutzel-
stein, et dominant la ville de Neuwiller.

(3) *Ibid.*, p. 458 et 463.

contre les ancêtres du nouveau comte de Salm. Voici
comment s'exprime à ce sujet le chroniqueur de Senones :

Henri de Salm commença premièrement à malmener
la vouerie de Senones, de Plainvoye (1) et de Vipodicelle (2), qui lui était échue par le sort, et affligea les
hommes de cette terre de tailles, exactions, servitudes et
autres oppressions, au point qu'à peine ils pouvaient se
sustenter, car ils pliaient sous le poids de grandes
dettes. Comme souvent il était arrivé à son oncle Ferry, le
comte Henri était fréquemment retenu en otage pour les
deniers qu'il devait à un citoyen de Metz. N'ayant de
quoi le satisfaire, il fut contraint de rompre impu-
demment le serment qu'il avait prêté à son créancier :
un certain jour, sans licence, il monta à cheval et quitta
la cité. Il opprima tellement cette église de Senones
qu'il mettait ordinairement des forestiers en nos bois et
des pêcheurs en nos eaux; et à nous, il n'était permis
d'avoir qu'un seul pêcheur, ce qui jamais ne s'était vu
auparavant, car nous en avions tant que bon nous semblait (3). Il commandait aux hommes de mesurer la terre
des champs de l'église en sa présence ou celle de son bailli.
Et si quelque laboureur de l'église avait querelle contre
nous, le comte Henri plaidait pour lui et prenait fait et
cause contre nous. Si quelqu'un de sa seigneurie se faisait
religieux, il prenait de lui ses sûretés, ce qu'il ne faisait
pas pour les autres. Et s'il arrivait que quelqu'un entrât
dans les ordres, qu'il mourût sans héritier ou qu'il voulût
transporter ailleurs sa résidence, ledit Henri lui enlevait

------

(1) Plaine, village du canton de Saales.

(2) Vipucelle (*Vipodi cella*), hameau de la commune de La
Broque, canton de Schirmeck.

(3) Ceci est en contradiction avec ce que Richer rapporte
au l. IV, ch. 31, voir *supra*.

tous les meubles qu'il pouvait saisir. Quant aux droits et volontés de l'abbé relatifs aux plaids que celui-ci, comme du passé, devait faire sans avoué, il y mettait empêchement, disant qu'il devait y assister pour faire force. Nos mayeurs, doyens, forestiers et nos autres officiers, que l'abbé doit instituer et destituer à sa volonté, ledit Henri les contraignait à son service comme les autres campagnards et leur faisait faire ce qu'ils ne devaient aucunement (1).

En face de cet acte d'accusation, nous aurions aimé entendre la défense de l'accusé, et nous allons être obligés d'y suppléer par l'examen détaillé des griefs, formulés d'une manière assez singulière. Après avoir reproché au comte Henri IV d'affliger les hommes du territoire de la vouerie de Senones de tailles, d'exigences, de servitudes, qui leur auraient laissé à peine de quoi se sustenter, Richer ajoute, d'une manière assez imprévue, qu'il était habituellement détenu comme otage à Metz, n'ayant pas de quoi satisfaire son créancier, un citain de cette ville. Il faut évidemment considérer cette détention comme la cause des levées d'impôts imputées au comte de Salm. Remarquons ici que ces détentions comme otage ne touchaient en rien à l'honorabilité des captifs, le plus souvent volontaires. Ces sortes d'accidents arrivaient alors aux plus puissants seigneurs, aux souverains comme aux simples écuyers. C'était même une habitude chez les premiers de donner en otage, quand ils le pouvaient, leurs fils et leurs meil-

____

(1) Richer, l. IV, ch. 32. *M. G. H.*, t. XXV, p. 319.

leurs et plus fidèles vassaux. Viennent ensuite les reproches d'empiétements sur les privilèges de l'abbaye, notamment au sujet de ce que l'on appelait les *bonshommes* qui, précisément, avaient fait l'objet d'un accord avec le précédent voué Ferry de Blâmont, et dont l'application soulevait sans doute des récriminations. Celles-ci sont suivies de plaintes, qui aujourd'hui nous paraîtraient bien peu sérieuses, relatives au mesurage des terres, à la défense des sujets de la vouerie devant la justice et à la tenue des plaids, motifs dont nous aurions peine à nous figurer la gravité, si nous ne savions jusqu'à quel point chacun était jaloux de ses prérogatives et de ses privilèges. Enfin le réquisitoire se termine par le reproche fait au voué de saisir les meubles des sujets qui entrent en religion, qui meurent ou quittent les terres de l'abbaye. Il s'agit évidemment des droits féodaux de mainmorte et d'aubaine. Ce n'est pas que Richer trouve ces droits injustes; il en blâme seulement l'exercice au seul bénéfice du voué.

Le voué de Senones n'était ni plus ni moins entreprenant et envahisseur que ceux des autres abbayes de la région, telles que Moyenmoutier, Saint-Mihiel, Gorze, Verdun, etc.; mais celles-ci avaient pour protecteurs les puissants ducs de Lorraine et comtes de Bar, dont les excès, les empiétements, les usurpations, les violences, ne paraissent pas avoir ému Richer, sans doute parce qu'il n'y était pas personnellement intéressé. Il va nous raconter maintenant un dernier épisode de la lutte engagée contre Henri IV par Jacques de Lorraine qui, mettant à profit les revendications de l'abbaye de Senones, parvint à consommer la ruine de son voué; celui-ci, succombant sous les charges qu'il s'était imposées pour l'exploitation industrielle de ses domaines, se vit alors réduit à vendre à l'évêque de Metz ses châteaux de Salm et de Pierre-Percée et de les reprendre de lui en fief. Voici le récit de Richer :

Finalement ledit Henri, par le moyen de quelques flatteurs, trouva une mine de fer en une montagne près d'un village que l'on nomme Grande-Fontaine (1) où il fit construire des fourneaux et établit des forgerons pour y travailler le fer. L'abbé et le couvent en ayant eu connaissance se rendirent auprès du comte Henri et lui demandèrent pourquoi, contrairement au droit, il avait fait dresser des forges sur l'héritage de l'église de Senones. Il leur répondit que cette montagne était de sa juridiction comme protecteur du lieu et par conséquent, il persista dans son entreprise. L'abbé, ému de cette réponse, alla trouver Jacques, évêque de Metz, qui, mis au courant de ces faits, ordonna aussitôt la destruction des forges (2).

Plus loin, Richer précise :

L'évêque, bien courroucé, commanda à son prévôt que, sans délai, il détruisît les bâtiments, ce qui fut fait. Le prévôt ne se contenta pas de ruiner ladite forge; il emporta en outre tous les outils et marteaux qui s'y trouvaient. Et, par ce moyen, le seigneur (Henri) n'osa plus rien entreprendre auxdites forges du vivant de l'évêque Jacques (3).

---

(1) Grandfontaine, village du canton de Schirmeck.
(2) RICHER, l. IV, ch. 32. *M. G. H.*, t. XXV, p. 318.
(3) *Ibid.*, l. V, ch. 7. *Ibid.*, p. 334.

Voici maintenant comment s'exprime Richer au sujet des conséquences de ces destructions violentes et barbares, qui ne ruinaient pas seulement le comte de Salm, mais encore les communautés de mineurs et de forgerons qui s'étaient constituées sous sa protection :

Contraint à toute extrémité par ses créanciers, et ne voyant aucun autre moyen, il (Henri IV de Salm) réfléchit qu'il pourrait se tirer d'embarras avec les deux châteaux qui lui restaient, savoir Pierre-Percée, que l'on disait être son alleu, et le château de Salm, que Henri de Blâmont (1), aïeul dudit Henri, bâtit sur la terre de l'église. Il s'en alla auprès de l'évêque de Metz et lui vendit ces deux châteaux. L'évêque, assisté d'hommes experts, se transporta à l'un et à l'autre château et y coucha; il y établit des gardes des tours et concierges des maisons, et après constatation de cette prise de possession par des actes, il les rapporta à son évêché. Et dès lors l'évêque se montra plus conciliant envers ledit comte de Salm (2).

Ce récit ne mentionne pas la reprise en fief des deux châteaux vendus; mais le fait est établi par un acte authentique daté du 9 décembre 1258 et dont je donne ci-après le texte :

Henri, comte de Salm, fait connaître qu'il a repris de mon signor lige Jacques, évêque de Metz, ses chastiaus

---

(1) L'aïeul de Henri IV, qui fit construire le château de Salm, était non pas Henri de Blâmont, mais le comte Henri II de Salm. Blâmont faisait alors partie intégrante du comté de Salm. Mais Richer, systématiquement, s'abstient de qualifier de comtes les seigneurs de Salm qui cependant avaient droit à ce titre. Voir *supra*, p. 146, ce que nous avons dit au sujet de la construction du château de Salm.

(2) RICHER, l. V, ch. 8. *M. G. H.*, t. XXV, p. 335.

Saumes et *Pierre-Percée* et ce qui appent, ligement en fief et en hommage et ensi que li dui chastiau devant dit sont rendables à lui et aux autres évesques de Metz. Et à savoir que, si je moroie sans hoir maile de mon cors, ke mes filles hereteroient en cest fiez devant dit, ensi comme mi fil, si je les avoie. Et, en temoignage, j'en ai donnei ces présentes lettres seeleies de mon scel et dou scel Lorette, ma femme, par qui crant et consentement ceu est fait, et dou scel de la communité de Mez avec lou scel mon signor Jake l'évêque de Metz devant nommé (1).

Cependant, malgré ses offres d'arrangement avec l'abbaye de Senones, le comte Henri IV ne put rétablir les forges du vivant de l'évêque Jacques. Mais la situation changea de face à la mort de ce prélat, survenue en 1260. Ce fut pour l'abbaye de Senones une véritable catastrophe, et Richer, en cette conjoncture, déclare qu'il valait mieux se fier à Dieu qu'aux hommes,

Et que maudit est celui qui se repose sur la force de ses bras, car en moins de rien le secours de l'évêque Jacques nous fut ôté. Et comme nous comptions beaucoup sur l'aide et la faveur de cet évêque, nous éprouvâmes qu'il valait mieux s'arrêter aux promesses du Seigneur que des princes. En effet, au moment même où nous espérions *que grâce à lui nous serions mis hors des mains du seigneur de Salm*, l'évêque Jacques, frappé de maladie mortelle, mourut. Et par cette fin nous fûmes déçus de notre attente.

Et voici le portrait en raccourci que le moine-ar-

---

(1) *Mettensia*, Cart. év. de Metz, I, p. 582.

tiste de Senones fait de ce puissant protecteur de l'abbaye :

Mais, pour ce que j'ai honte à raconter la pauvreté et vilité de sa mort, je dirai brièvement que celui qui, de son vivant, avait dépouillé les prêtres, clercs, moines et laïcs, ses sujets, de tous leurs biens propres, fut trouvé n'avoir de quoi couvrir son corps.

Aurions-nous là un exemple d'application du *jus spolii* qui permettait de piller les propriétés épiscopales aussitôt après la mort du titulaire, d'enlever non seulement l'or, l'argent, les céréales et le vin, mais les bestiaux, les récoltes, les meubles qui se trouvaient dans les maisons et jusqu'aux lambris? Ce droit de dépouilles semblait la conséquence logique de la situation de l'évêque, simple usufruitier de biens meubles et immeubles qui, à sa mort, devaient retourner à la multitude des fidèles (1). Devenu insensiblement la prérogative de quelques-uns, ce droit était principalement exercé par ceux qui avaient mission de veiller à la garde de l'évêché pendant la vie de l'évêque aussi bien que durant la vacance du siège épiscopal (2). Le passage ci-dessus de la chronique de Richer laisserait croire que cet abus

---

(1) LUCHAIRE, *Hist. des inst. monarch. de la France*, II, p. 66-67.

(2) Cet exercice du *jus spolii* avait eu lieu, au commencement du XIIIᵉ siècle, à Châlons, malgré la bulle du pape Honorius II (1125-1129) portant excommunication contre les habitants de la ville et en particulier contre les vidames qui s'empareraient des meubles de la maison épiscopale après le décès des évêques (*Arch. de la Marne*, G, 9, fᵒ 19. Cf. Félix SENN, *L'Institution des vidamies en France*, Paris, 1907, p. 150).

n'avait pas encore disparu à Metz au milieu du xiiie siècle.

Voici maintenant le récit des événements qui suivirent la mort de Jacques de Lorraine :

Quand le seigneur de Salm apprit la mort de l'évêque, il crut qu'il pourrait recevoir notre monastère et ses biens et il commença par agir contre notre indépendance et celle des biens de l'église de Senones, et de fait il nous tracassa plus vivement. Son bailli Renaud, avec quelques compagnons, se présenta au monastère, fit assembler les frères et leur dit : « Mon seigneur m'a envoyé vers vous pour vous avertir que, si vous le voulez, il vous prendra sous sa protection contre tous autres, et sur ce donnez votre avis. » Nous entrâmes aussitôt en chapitre et en délibération; quelques-uns disaient : « Notre abbé n'étant présent, nous pouvons bien accepter cette protection pour quelque temps, avec son approbation »; les autres n'y voulaient rien entendre. Et par ce moyen, nous refusâmes notre bonheur, comme depuis nous l'avons bien suffisamment éprouvé. Car les gens d'armes, en présence de ce refus, saisirent toute l'abbaye et nos granges (1).

Nous savons ainsi, par l'aveu de Richer, que les moines du monastère de Senones, avec l'appui de l'évêque Jacques de Lorraine, cherchaient à soustraire tout le domaine de l'abbaye à la juridiction du comte de Salm, son voué, auquel il était inféodé. Cette tentative d'affranchissement constituait, à l'époque où les fiefs étaient tous déjà devenus héréditaires, une atteinte très grave aux droits seigneuriaux, une véritable spoliation, et c'est ce qui explique la violence

______

(1) RICHER, l. V, ch. 10. *M. G. H.*, t. XXV, p. 336.

de la lutte qui va s'engager entre le voué et les religieux de Senones.

Renaud, dont il est question ci-dessus, était, d'après Richer, un frère naturel du comte Henri IV, qui l'avait fait son bailli, en résidence, semble-t-il, à Badonviller ou à Pierre-Percée. Le refus, opposé au représentant du comte de Salm, de reconnaître celui-ci pour leur voué, c'est-à-dire le protecteur du monastère, eut des conséquences qui semblent avoir été prévues par l'abbé Baudouin, lequel avait jugé prudent de se tenir éloigné de son siège, abandonnant ainsi ses religieux à leur propre inspiration. Il se trouvait peut-être à Metz, cherchant à y gagner l'appui du chapitre ou de l'un des candidats à l'évêché. Richer continue ainsi le récit des calamités qui s'abattirent alors sur le monastère :

Or, le seigneur de Salm, voyant que le temps était mieux disposé en sa faveur, fit rebâtir et restaurer les forges, couper nos forêts pour fournir le charbon et réinstaller des forgerons pour travailler le fer. D'autre part, notre couvent ne cessait de proclamer ses excommunications contre ledit seigneur de Salm et ses adhérents, ce qui lui déplut extrêmement; pour s'en venger, il envoya ses satellites armés avec son Renaud, qui vinrent vendre à l'encan et enlever tous nos biens meubles, chevaux, bœufs, vaches, brebis, pourceaux et les emmenèrent où ils voulurent. Ils firent de même en nos granges et, ce qui est pire, le même jour, ce tyran fit dépouiller de tous biens notre prieuré de Brustanval (1) et notre

____

(1) Il s'agit du prieuré de La Broque, village situé sur la *Bruche* qui le sépare de Schirmeck, ch.-l. de canton. D. Calmet dit que ce prieuré est supprimé depuis très longtemps, après avoir subsisté quelques siècles. *Notice de Lorr.*, art. La Broque.

maison d'Ancerviller. Cela fut fait le samedi le plus proche de Septuagésime. Nous pensions qu'ils se contenteraient de ces sévices; mais voici que, le lendemain matin, Renaud revint avec ses complices, demandant à entrer dans l'abbaye. Devant notre refus, ils franchirent la muraille au moyen d'échelles et, passant devant la chambre de l'abbé, ils entrèrent au cloître. Ils s'emparèrent des clés de l'église, du cloître et de la cave, enlevèrent toute la vaisselle, les ustensiles de ménage et les meubles de notre abbaye. Ils chargèrent plusieurs chars de nos lits, pots de cuivre, poêles de la cuisine, et tout ce qui devait être distribué aux pauvres fut emporté par eux. Plusieurs de leurs gens furent chargés de garder les **tours** de l'abbaye; les uns furent constitués sommeliers, d'autres portiers et gardes de la cour (1).

C'est durant cette phase de la lutte qu'eut lieu, en signe de suprême protestation, la cérémonie ainsi décrite par Richer :

... Après avoir pris l'avis et le conseil du vénérable Gillon, évêque de Toul, et d'autres prudents personnages, nous mîmes bas les images très sacrées de notre Rédempteur, de saint Siméon, septième [successeur] de saint Clément (2),

---

(1) Richer, l. V, ch. 10. *M. G. H.*, t. XXV, p. 336.

(2) L'évêque Angelram, après avoir reçu de Charlemagne la régale de l'abbaye de Senones, voulant gagner l'affection de ses religieux et les consoler de la perte qu'ils faisaient de la protection immédiate du Roi, leur envoya le corps de saint Siméon, 7e évêque de Metz après saint Clément. Les religieux, aigris contre leur abbé, refusant de recevoir dans leur église les saintes reliques, le prélat usa de prudence et de douceur et les fit déposer sur une colline située au midi du monastère où il bâtit une chapelle pour les recevoir. Plus tard, les religieux se repentirent de leur refus et, sous l'abbé Norgand (vers 785), les reliques de saint Siméon furent conduites en grande cérémonie dans leur église et mises dans une châsse d'argent (Richer, l. II, ch. 2 et 4. *M. G. H.*, t. XXV, p. 270 et 271).

évêque de Metz ; les ayant posées à terre, nous commen-
çâmes, avec de grands pleurs et d'âpres soupirs, à nous
écrier : « Nous avons soutenu la paix et elle n'est pas
venue, nous avons cherché le bien et voici le trouble.
O Seigneur ! nous connaissons assez nos fautes, ne sois
pas courroucé contre nous à jamais. »

Après cela, suivant les privilèges des hommes apostoliques et papes de Rome, qui excommunient et séparent
du giron de notre sainte mère universelle tous les mal-
faiteurs de notre église, qui les privent de la communion
du Corps et Sang très précieux de J.-Ch., et les somment à
comparaître au jour du jugement divin, nous déclarions
chaque jour pour excommuniés le seigneur de Salm et
tous ses adhérents (1).

C'est évidemment l'excommunication ainsi proclamée journellement qui poussa à l'état aigu le
conflit entre le voué et l'abbaye. Richer, après l'ex-
posé ci-dessus relatif à l'envahissement du monastère
par les hommes d'armes du bailli Renaud, qu'il
qualifie de satellite du diable, poursuit ainsi son récit :

Cela fait, Mathieu le prieur, jeune homme de bonne
conversation, et tous les autres frères, considérant qu'il
n'y avait plus aucun lieu commode à habiter davantage,
sortirent tous en procession précédés de la croix, pleu-
rant et suppliant Dieu tout-puissant de vouloir conduire
leurs pas à la voie du salut. Arrivant ainsi à Moyenmoutier, ils y passèrent la nuit. A partir de là, sur l'ordre de
l'abbé, ils se retirèrent en divers lieux, car, de tous les

____

(1) RICHER, l. V, ch. 9. *M. G. H.*, t. XXV, p. 335. Il arrivait,
dans des cas semblables, qu'on descendît à terre les châsses
des saints et qu'on les déposât sur des fagots d'épines. Mais
tout cela était défendu par les conciles XIII de Tolède, ch. 17
(Voir t. VI *Concil.*, p. 1262), et de Lyon, sous Grégoire X,
ann. 1274.

religieux, il ne demeura dans le cloître que moi et un autre
nommé Bertrand, qui était gravement malade (1).

Richer nous apprend qu'en cette extrémité les
religieux de Senones s'adressèrent aux chanoines de
Metz et implorèrent leur aide, mais en vain.

Dans l'intervalle, Philippe de Florenges fut nommé
à l'évêché de Metz.

Or, continue Richer, resté, comme il le dit, à
Senones :

Notre révérend abbé Baudouin, assisté de quelques-
uns de nos frères, allèrent trouver l'évêque nouvellement
institué et lui firent le récit textuel de nos calamités;
mais il se montra si tiède et nonchalant à leur égard que
l'on aurait pu le juger un homme de nulle vigueur. Il fit
bien quelques promesses verbales, mais elles restèrent
sans effet; ce que voyant, nos frères se transportèrent
auprès du vénérable Gillon, évêque que le Tout-Puissant
avait élevé à la dignité épiscopale de Toul. Bien expressément, ils lui firent entendre nos besoins et nos souf-
frances, dont l'évêque fut très touché. Ayant appelé un
notaire, il fit écrire à Alexandre, abbé de Moyenmoutier,
pour l'inviter à se rendre sans délai auprès du seigneur
de Salm, afin de le mettre en demeure de renoncer à une
si énorme et exécrable iniquité, de rendre les choses qu'il
avait enlevées et de ne pas différer à donner satisfaction
à Dieu et à l'église d'une telle impiété. Aussitôt qu'il
reçut ce mandement, l'abbé, diligent et animé d'un zèle
louable, se mit en route pour s'acquitter de sa mission.
Étant venu à Badonviller, il y trouva cet « ange de Satan »,
Renaud, bailli du seigneur de Salm, surexcité dans sa
malice. Interrogé sur le but de son voyage, l'abbé fit

---

(1) RICHER, l. V, ch. 10. *M. G. H.*, t. XXV, p. 836.

connaître l'objet de la mission qu'il avait reçue de l'évêque. Renaud, aussitôt transporté de colère, fit arrêter l'abbé Alexandre et le mit dans une maison sous la garde de ses satellites; ceux-ci, pensant que l'abbé supporterait tous les frais, firent de grandes dépenses, au point qu'en deux jours ils s'élevèrent à huit sols toulois. Cependant, les frères de Moyenmoutier ayant appris que leur abbé était détenu captif, se rendirent en toute hâte auprès de Godefroy, prévôt du duc de Lorraine, pour l'en informer. Le prévôt réunit aussitôt quelques hommes d'armes avec lesquels il se dirigea sur Badonviller, lieu de détention de l'abbé; mais, arrivé à mi-chemin, on lui conseilla de ne pas s'avancer davantage sans avoir demandé auparavant la mise en liberté de l'abbé de son seigneur, et qu'en cas de refus seulement il pourrait, avec raison, agir à sa volonté. Le prévôt, usant de ce conseil, envoya promptement deux hommes d'armes qui demandèrent l'élargissement de l'abbé captif. Devant cette intervention du prévôt du duc de Lorraine, le bailli prit peur et fit relâcher son prisonnier. L'abbé exposa alors solennellement le mandement qu'il avait reçu de l'évêque, déclarant le bailli et le seigneur de Salm excommuniés, la terre de ce dernier mise sous défense et prohibition, excepté le viatique des mourants et le baptême des enfants. Après cela, l'abbé et le prévôt, avec les leurs, retournèrent en leurs demeures. Cependant, l'évêque de Toul, qui toujours s'est élevé en faveur de la défense de l'église de Dieu (1), supplia l'évêque de Metz qu'il voulût bien agir contre le seigneur de Salm, dans son évêché de Metz, comme lui-même avait fait dans l'évêché de Toul pour la défense de Senones. En réponse, l'évêque de Metz donna commission patente au sieur Némérique, gouverneur de Vic, pour aller exploiter son mandement à Morhanges. Arrivé au château de ce lieu, l'envoyé de l'évêque lut ses lettres

____

(1) Il faut entendre ici l'église de Senones.

et invita le seigneur de Salm à restituer les choses qu'il avait enlevées à l'église de Senones et à donner satisfaction de son démérite. En cas de refus, l'envoyé devait le déclarer excommunié par l'évêque de Metz, avec tous ses fauteurs, coadjuteurs et adhérents, avec ses vassaux, et toute sa terre soumise à la défense et prohibition édictées par les statuts de Trèves. Les officiers du château, en entendant ces propos, mirent la main sur l'envoyé de l'évêque, l'emprisonnèrent et le mirent aux fers. Pour abréger sa détention, il se mit en otage entre leurs mains pour la somme de 70 livres et fut ainsi libéré. Revenu auprès de l'évêque, le gouverneur de Vic lui apprit le beau traitement que lui avait valu sa commission. Le seigneur de Salm fut donc excommunié et sa terre tellement mise en défense que l'on permettait seulement la sépulture catholique aux habitants qui y mourraient. Et, de fait, la sentence de l'archevêque de Trèves conserva toute sa force contre le seigneur de Salm et tous ses fauteurs et adhérents. Et comme il s'en trouvait extrêmement embarrassé, Renaud, ce malheureux bailli de sa perdition, ou plutôt l'Antéchrist, commença à inventer de nouvelles exactions et oppressions; c'est ainsi qu'à la saison d'automne, au mois de septembre où les laboureurs ont coutume de labourer les champs et héritages, il (l'inventeur de tous les maux) fit défense aux hommes de notre église de Senones de fournir les corvées qu'ils nous doivent, de cultiver nos champs et nos jardins selon la coutume. Ainsi ce détestable bailli leur défendit de cultiver nos champs afin qu'affligés de disette, nous vinssions plus facilement à nous soumettre à la volonté de son maître.

Le seigneur de Salm, voyant que ni par sa malice, ni par l'oppression qu'il exerçait sur nous et notre église, ni par le moyen de l'archevêque de Trèves, auquel il se fiait entièrement, ni par l'évêque de Metz qui même craignait de l'offenser, ni encore par les avocats et juristes qu'il avait su se rendre favorables par des dons, il ne pouvait

révoquer la sentence d'excommunication, et sentant
d'autre part son âme en danger, il commença à chercher
les moyens de traiter la paix avec nous. Mais, comme ces
moyens lui semblaient difficiles, tant à cause de la restitution des choses enlevées et de la nécessité de donner
pleine satisfaction, que parce qu'il avait honte de satisfaire à Dieu, à l'église et à nous, pour ses crimes si indi-
gnes à raconter, son esprit vacillait en maintes et diverses
considérations, d'autant plus que le duc Ferry le jeune, qui,
après son père Mathieu, avait pris récemment le gouvernement du duché de Lorraine, comme aussi le comte de
Vaudémont le jeune et plusieurs autres jeunes chevaliers, le poussaient plutôt à mal qu'à bien faire. Enfin, le
seigneur de Salm, après s'être efforcé vainement d'amener
l'abbé et les religieux à mettre nos biens sous sa protection, alla trouver Philippe, évêque de Metz, pour le prier
d'intervenir pour le rétablissement de la paix. Et de fait,
l'évêque commença à donner meilleure entente à la cause
du comte qu'à la nôtre; car il avait auprès de lui un
homme d'armes, très savant babillard, qu'on nommait
Albert d'Otonville et qui autrefois avait servi de conseiller
au seigneur de Salm. Sur son conseil, l'évêque ordonna
la paix désirée et il nous menaça, si nous allions à l'encontre de cette ordonnance de paix, de se tourner contre
nous et notre église; et certes, nous ne savions que faire
contre cela. Toutefois, Dieu insinua au cœur de notre
abbé d'affirmer constamment ne vouloir adhérer ni
consentir aux compositions faites par l'évêque pour cette
paix, que, préalablement, le seigneur de Salm ne res-
tituât entièrement les choses et les droits qu'il nous avait
ôtés; ce que l'évêque accepta. Le seigneur de Salm nous
assigna même un jour et incontinent demanda le bénéfice de l'absolution, ce que l'évêque de Metz lui promit
volontiers. Mais le très mémorable Gillon, évêque de
Toul, affirma que de sa vie il ne lui donnerait l'absolution avant qu'il n'eût donné caution de se conformer au
mandement de l'église. Le seigneur de Salm, voyant

qu'il ne pouvait trouver aucune échappatoire, fit solennellement serment, en présence des susdits évêques, de clercs et d'hommes d'armes, d'obéir au mandement de l'église et du vénérable Gillon, évêque de Toul. Et ainsi, il mérita le bénéfice d'absolution et sa terre fut délivrée de l'interdiction. Ledit seigneur de Salm, croyant que les trésors de l'église, qu'on avait transportés ailleurs par crainte de guerre, seraient aussitôt rapportés au monastère, commanda aux hommes de notre église de labourer et faire des corvées pour la culture de nos champs et jardins, comme ils devaient et qu'ils avaient coutume de le faire. Ce mandement fut donné la dernière semaine d'avril, qui fut la plus proche de Pâques. Le bailli vint aussi au monastère et vida la cour de tous les vassaux de son seigneur; et ceci fut fait le sixième jour plus proche de Pâques, que l'on nomme *Parascene* (1). Mais quant aux choses qui avaient été enlevées, rien ne fut restitué. On dit que notre abbé usa assez finement de cette circonstance, en ne permettant à aucun des religieux de rentrer au monastère avant que les biens meubles et autres choses qu'on y avait pris ne fussent restitués et rendus. Et, par ce moyen, l'office divin ne fut nullement célébré à Senones depuis la veille de Pâques jusqu'à la veille de la Nativité de N.-S. Aucun des religieux ne resta dans notre monastère de Senones, à l'exception de frère Bertrand, qui était gravement malade; un autre religieux, nommé Hugues, qui assez ingénieusement recueillit les meubles dispersés et conduisait bien diligemment les bœufs, les chevaux et toutes choses qui concernaient son obédience, agit de telle façon que rien, de ce dont il avait charge, ne périt par sa faute. Avec ces deux religieux, je, frère Richer, étais aussi demeuré (2).

---

(1) Sans doute *Parasceve,* mot qui désigne d'habitude le vendredi saint. **Voir Léon Germain de Maidy,** *Sur quelques tombeaux de Royaumont,* dans *Bull. S. A. L.,* mars 1908.

(2) RICHER, l. V, ch. 11 et 12, *M. G. H.,* t. XXV, p. 337-339.

Dom Calmet nous a laissé le texte du traité qui intervint entre l'abbé de Senones et le comte de Salm et qui fut scellé par l'évêque de Metz en novembre 1261. Le voici :

Baudouin, abbé de Senones, et le couvent, d'une part, et Henry, comte de Salm, d'autre, font savoir qu'ils ont fait paix des choses ci après écrites : savoir que toutes les mines qui se trouveront dans les montagnes de Froide Plenne et de Ferramont (Froide-Plaine et Framont), lesdits abbé et couvent et ledit comte en auront la moitié; qu'ils feront des forges communes à leur plus grand profit; que les bois se prendront tant pour la construction desdites forges que pour l'usage d'icelles, dans les quatre bans de Senones, de Celle, de Vipucelle (1) et de Plaine (1) et ne se prendront des mines que dans lesdits quatre bans, sinon dans les montagnes de Ferramont et de Froide Plenne, et lesdits abbé et couvent et ledit comte de Salm fourniront chacun par moitié tous les frais qu'il conviendra faire pour la construction desdites forges, pour tirer la mine et pour les frais qu'il conviendra faire en toute manière, et chacun jouira de la moitié de tous les profits qui en proviendront et ni l'une ni l'autre partie ne peut ôter ni mettre en autre lieu ladite mine, ni la transporter ailleurs, tout le temps que lesdites forges communes en auront besoin et qu'elles pourront forger (2).

Richer, dont la chronique se termine précisément l'an 1262, rapporte que le comte de Salm ayant fait reporter à l'abbaye tout ce que son bailli Renaud en avait emporté, l'abbé Baudouin y revint, avec toute sa communauté, la veille de Noël de ladite année 1262 (3).

---

(1) Voir *supra*.
(2) D. CALMET, t. IV, *Preuves*, col. CCCLXXXVII.
(3) RICHER, l. V, ch. 36 et 23, *M. G. H.*, t. XXV.

Dans la première partie de ce chapitre, nous avons essayé de donner un aperçu des actes de **Henri IV** de Salm, en sa qualité de seigneur de Henaupierre, durant la période s'étendant aux années 1252 à 1282.

En 1268, nous le trouvons chargé, de concert avec l'évêque de Verdun, de la garde du château de Condé-sur-Moselle que, par le traité de paix du 1er février 1268, l'évêque de Metz, Guillaume de Trainel, avait promis de livrer au duc de Lorraine Ferry III et au comte de Bar Thibaut II, si, pour le 1er avril de la même année, l'évêque Guillaume ne leur avait donné entière satisfaction sur tous les points en litige (1).

En 1270, Henri IV reconnaît devoir à Pierron de Pierre-Percée 100 livres de messins, pour lesquelles il lui engage tout ce qu'il avait à Pexonne (2).

Quelques années après, la succession au comté de Castres entraîna le comte de Salm dans une série de négociations qui se terminèrent par le rattachement de ce comté au temporel de l'évêché de Metz.

Renaud de Lorraine, quatrième fils du duc Ferry II et d'Agnès de Bar, avait épousé Élisabeth, fille aînée de Henri II, comte de Castres, et de Clémence de Rethel. Il avait succédé au comte de Castres mort sans enfant masculin.

Renaud lui-même, puis sa veuve Élisabeth, étant morts sans postérité, le comté de Castres revenait,

____

(1) Digot, II, p. 95.
(2) *Doc. de l'Hist. des Vosges*, t. V, p. 155.

pour une partie, à Lorette, épouse du comte Henri IV de Salm. Un traité, intervenu en 1275, le lundi après la fête de saint Luc l'évangéliste (21 octobre), entre Lorent, évêque élu de Metz, et Henri, comte de Salm, nous renseigne sur les préliminaires de cette succession : Henri IV, pour lui et aux noms de son fils Henri, qu'il met hors de tutelle, et de ses autres enfants, s'engage à n'abandonner à Ferry III, duc de Lorraine, sans le consentement de l'évêque, ni le comté de Castres, ni Putelange et dépendances, ni le cinquième de la succession que le duc réclame. Le comte Henri reconnaît que Castres et Putelange avec leurs dépendances sont des fiefs de l'évêché de Metz, liges et rendables. L'évêque, de son côté, déclare qu'il ne fera nul accord à ce sujet au préjudice du comte de Salm, de son fils et de ses autres enfants; il dit que le comté de Castres est échu à l'évêché à défaut d'héritier mâle. Le comte de Salm, pour lui et ses enfants, déclare que l'évêque devait donner ledit comté en fief, soit aux héritiers des cinq sœurs, dont il a épousé l'une, soit aux héritiers de l'une d'elles.

L'évêque Lorent et le comte Henri IV s'accordèrent de la manière suivante : le fils aîné du comte est devenu homme lige, devant tous hommes, du seigneur l'évêque; et s'il venait à mourir, celui de ses frères qui lui succéderait serait à son tour homme lige de l'évêché, comme le premier l'avait été. Ce successeur demanderait le cinquième de Castres et de Putelange et dépendances en fief et en hommage lige et rendable à l'évêché perpétuellement; les quatre autres parts demeureraient à l'évêque qui donnerait au fils du comte la moitié en fief et hommage. Et s'il fallait acheter ou racheter les parts des autres héritiers, l'évêque en aurait la moitié et le fils du comte de Salm l'autre moitié en payant sa part; ils ne pourraient ni acheter ou racheter, ni vendre, ni acquêter sans le consentement de l'un et de l'autre. Si le fils du comte ne pouvait payer sa partie de l'achat ou du rachat prévus, l'évêque devait lui prêter sa part de deniers pour un an et si, à l'expiration de l'année, il n'avait pu effectuer le remboursement, il n'aurait plus part dans tout ce que l'évêque aurait acquêté de ses deniers; l'acquittement envers l'évêque pourrait se faire avec Morhange, que le duc de Lorraine a obtenu par force. Si le comte de Salm pouvait se soustraire à l'hommage qu'il en a fait au duc, il reprendrait ce fief de l'évêque et de ses successeurs. L'évêque de Metz aiderait le comte de Salm contre le duc, contre le seigneur de Blâmont et contre tous autres à grandes et petites forces.

Tous les accords antérieurs relatifs au comté de Castres furent déclarés cassés, sauf les convenances du comte de Salm avec les héritiers dudit comté et celles relatives aux 800 livres et aux gages que ces héritiers lui ont donnés pour les dépens faits en vue de la garde du château et de la terre dudit comté de Castres (1).

Le 6 juillet 1276, Henri IV vend à Lorent, évêque de Metz, tout ce qu'il avait à Chambrey, à Beton-

____

(1) *Mettensia*. Cartul. de l'év. de Metz, I, p. 268.

court, à Mons, à Grémecey, leurs dépendances et
tous les fiefs et hommages avec la garde qu'on lui en
devait à Pierre-Percée. Il transfère tous ses droits à
l'évêque et à ses successeurs ; il déclare que si ceux de
Rosières et leurs héritiers ou autres, qui tiennent,
ont tenu ou doivent tenir leur fief de lui, ne voulaient,
en une maison convenable désignée par l'évêque,
faire la garde « an et jour » qu'ils devaient à Pierre-
Percée, ledit évêque les contraindrait à garder ce
château que le comte de Salm tient de lui en la forme
qu'il l'a repris de l'évêque Jacques. Le comte Henri
se tient pour payé de 300 livres de fors, prix de la
vente des fiefs, gardes et hommages dont il s'agit (1).

Le lendemain, 7 juillet, Henri, comte de Salm, fait
savoir à nobles hommes, le seigneur Joffroy, le seigneur Brun, les enfants Barbette de Rosières, le seigneur Symon de Busenville, la dame de Beffroimont,
le seigneur Jehan de Marsaul (Marsal) et à tous ceux
qui tiennent de lui en fief et hommage des héritages
ou droits dans le ban de Chamberey, à Mons, à Gre-
mesy, à Betoncourt et dépendances, qu'il a vendu
à M\ensuremath{^{gr}} Lorent, évêque de Metz, ce qu'il avait en ces
lieux, avec les hommages et les gardes (2).

Le 2 juillet 1277, Henri, comte de Salm, et Henri,
comte de Vaudémont, apposent leurs sceaux à un
acte de Lorent, évêque de Metz, au sujet de l'hommage du comté de Sarrebruck, par M\ensuremath{^{gr}} Simon,
comte de Sarrebruck (3).

____

(1) *Mettensia,* Cartul. év. de Metz, I, p. 365.
(2) *Ibid.,* I, p. 275.
(3) *Ibid.,* I, p. 10.

Le 19 mai 1284, à Haboudange, Bouchard, élu de Metz, Henri, comte de Salm, Henri, Jean et Ferry, ses fils, concluent un accord au sujet du comté de Castres. Le comte et ses fils veulent et octroient que honorable sire Bouchard ait, pour lui et pour l'évêché de Metz, le comté de Castres, sauf que Henaupierre, Xomberg et Putelange, avec les dépendances de ces trois châtellenies, demeurent à leurs héritiers. Le comte Henri fait savoir que lui et son héritier tiennent et doivent tenir en hommage ligement du seigneur l'élu et des autres évêques de Metz ses successeurs, Putelange, le château et le bourg et dépendances. L'évêque Bouchard s'engage à payer, audit comte et à ses fils, deux mille livres de messins. Le comte Henri et ses fils Henri, Jean et Ferry promettent qu'aussitôt après le paiement de ces deux mille livres de messins, ils mettront l'évêque « en saisine et possession de Castres, des hommages et des appendises, sauf que Henaupierre, Xomberch et Putelange et ce qui en appent, leur demeurent comme il est dit ci-dessus ». Cet accord fut scellé et revêtu des sceaux de l'évêque Bouchard, de Henri, comte de Salm, et de Henri de Forbach, ce dernier prié, à cet effet, par Henri, Jean et Ferry, fils du comte de Salm, ses cousins qui n'avaient pas encore de scels propres (1).

Le 8 juin suivant, Bouchard, élu de Metz, fait savoir que des 2.000 livres de messins qu'il devait payer à son cher féable, noble homme Henri, comte

____

(1) *Arch. de Metz*, G. 37, fol. 294 v°. Cf. *Mettensia*, Cartul. de Metz, I, p. 13.

de Salm, par l'accord fait entre eux pour le comté de Castres, il en a payé 1.000, les autres 1.000 livres devant lui être payées à la Nativité de Notre-Dame en septembre, faute de quoi, il « veut et octroie que l'homme et le gardien de Castres rendent et délivrent audit comte et à ses hoirs, Castres, le châtel, le bourg et les appendises et ne pourraient l'élu Bouchard, ni ses successeurs, rien réclamer ni demander ». L'évêque élu déclare, en outre, que s'il ne payait les 1.000 livres restantes au jour fixé, Salm, Pierre-Percée, Castres et Putelange ne seraient plus rendables à l'évêché de Metz à partir de ladite date; toutefois le comte de Salm et ses héritiers tiendraient ligement en fief et hommage dudit évêché les quatre châteaux et les bourgs susdésignés (1).

C'est à cette époque que se place la visite faite au château de Salm par Jacques Brétex, l'auteur du poëme bien connu : *Les Tournois de Chauvenci* (2), qui commence sa description par le récit d'un voyage où il reçut l'hospitalité du comte Henri, lequel, dit-il, dépasse les autres en courtoisie, libéralité, franchise et noblesse et dont il vante la bonté et la sagesse (3).

L'emploi du temps de ce trouvère, le jour de la

---

(1) *Mettensia*, Cartul., I, p. 59.

(2) *Les Tournois de Chauvenci donnés vers la fin du XIIIe siècle,* décrits par Jacques Brétex en 1285. Manuscrit de 4.500 vers, annotés par Philibert Delmotte, biblioth. de la ville de Mons et publiés par H. Delmotte, son fils, conservateur des Archives de l'État à Mons. — Impr. A. Prignet, à Valenciennes, 1835.

(3) Vers 32 à 43. On remarquera le contraste de ce jugement avec celui laissé par Richer, de Senones.

fête de Notre-Dame, c'est-à-dire le 15 août 1284, offre un tableau pittoresque et vivant, qui intéresse au plus haut point notre sujet :

Au point du jour, annoncé au son de la corne par le guetteur du donjon, Jacques Brétex sortit du château de Salm pour aller se promener dans les bois et « remuer ses pensées », c'est-à-dire pour se distraire. Tout en chevauchant en silence et en s'absorbant dans ses pensées, il fit soudain la rencontre d'un chevalier tenant en mains le tronçon d'une grosse lance brisée. Il reconnut aussitôt Conrad Warnier (1) de Hastatt, *landvogt* ou comte provincial de la Haute-Alsace qui, en cette qualité, résidait sans doute alors au château de Plixbourg, situé sur le ban de Wintzenheim, derrière le Hohenlandsperg; là mourut en effet, l'an 1276, son épouse, fille du comte de Ferrette. C'était un personnage important, car outre le château de *Barbenstein*, situé à une lieue à l'ouest de Hastatt, sur une montagne élevée, la maison de Hastatt possédait encore le château moyen de *Haut-Eguisheim*, ceux d'*Ober-Ensisheim*, d'*Ober* et *Nieder-Heringheim*, de *Holzweiler* et de *Wickersweiler*, près de Colmar (2). La Chronique de Colmar nous apprend qu'en juillet 1278, Conrad Wernher avait rassemblé un corps de troupes de cent hommes d'élite, montés sur des coursiers caparaçonnés en guerre, qu'il conduisit en Bohême contre le roi Ottocar (3); et que, précisément vers 1284, il

(1) Vers 43 à 56.
(2) Schœpflin-Ravenez, *L'Alsace illustrée*, IV, 282.
(3) *Ibid.*, V, 554.

brûla aux seigneurs de Girsperg le château qu'ils avaient construit sur la montagne de Staufenberg, à 1 kilomètre de Soultzbach (1). L'auteur du poème ne nous dit pas si le belliqueux *landvogt* alsacien venait de briser sa lance dans une rencontre guerrière ou simplement en cours de chasse, dans l'attaque de quelque gros gibier ; son silence nous incline plutôt en faveur de cette dernière hypothèse.

Conrad Warnier, de son côté, avait reconnu Jacques Brétex, et la conversation s'engagea aussitôt entre eux, le premier s'exprimant en français avec le rude accent alsacien, plaisamment imité dans son récit par le poète roman. Celui-ci invita son interlocuteur à se rendre, pour la Saint-Remy prochaine, à Chauvency où il trouverait une grande assemblée de gens, pour éprouver sa vaillance dans les joutes et les tournois, pour danser et se divertir (2). L'énumération, faite ensuite par Brétex, des principaux barons et des plus nobles dames devant assister à la fête, décida finalement Conrad Warnier à promettre d'y prendre part également, en compagnie de son fils Conrardin (3). Là-dessus, on se sépara et Jacques Brétex retourna au château de Salm. Il y trouva la table déjà mise et occupée ; on s'empressa d'en disposer une à côté où on le fit asseoir. Dès que le comte l'aperçut, il lui demanda d'où il venait pour s'être levé de si bon matin. Le poète lui raconta sa rencontre et sa conversation avec Conrad Warnier et

----

(1) Schœpflin-Ravenez, *op. cit.*, IV, 230.
(2) Vers 57 à 78.
(3) Vers 81 à 235.

il le fit rire en imitant le roman incorrect et les défauts
de prononciation du chevalier alsacien.

Après le dîner, Jacques Brétex prit congé du comte
de Salm, qui non seulement avait fait prendre soin
de son cheval, mais lui fit encore cadeau d'une
cotte d'armes, d'un corselet, d'une housse verte, « de
mouffles et d'un chaperon fourrés de bon fin vair »;
il le fit en outre accompagner par l'un de ses varlets.
Le poète est malheureusement très sobre de détails
sur l'itinéraire suivi; il se contente de dire qu'il passa
le Saumois, Metz et laissa Briey à sa droite, et il
ajoute :

(Vers 268.)   A Anviller vins cette nuit,
                A grant joie et à grant desduit (1).

L'auteur des notes topographiques, M. Delmotte,
identifie *Anviller* avec *Anweiler*, dans la Basse-
Alsace, ce qui n'est pas admissible. L'opinion émise
depuis d'y voir *Avillers*, canton d'Audun-le-Roman,
offre beaucoup plus de probabilité. Mais une nouvelle
étude du texte m'a suggéré une tout autre solution.
Ce texte n'oblige nullement de voir dans *Anviller*
une station au delà de Briey; ses termes impliquent,
au contraire, un lieu d'arrêt après une étape déterminée. Les deux vers 266 et 267 indiquent la direction
générale suivie par le poète dans sa marche vers
Chauvency; mais les vers suivants (268 et 269) se
rapportent évidemment à la première étape, celle
commencée au départ du château de Salm et se ter-

---

(1) **Vers 239 à 269.**

minant à la nuit. Ce lieu d'étape n'est autre qu'*An-cerviller*, canton de Blâmont. Nous nous rendons compte, dès lors, de l'itinéraire suivi au cours de cette première journée. Jacques Brétex aura gagné la vallée de la *Plaine*, par le chemin passant au col de Prayé; suivant ensuite cette vallée, jusqu'auprès de Celles, il se sera dirigé sur Badonviller, soit par la Chapelotte, soit par Pierre-Percée. De Badon-viller, le chemin se poursuit par Neuviller jusqu'à Ancerviller tout proche. La distance ainsi parcourue ne dépasse pas la longueur d'une étape de troupe à cheval, même en tenant compte de la grande partie montagneuse de l'itinéraire.

A Ancerviller, le comte de Salm possédait un châ-teau et la réception joyeuse et divertissante, faite au voyageur et à son escorte à l'arrivée, s'explique ainsi naturellement. C'est peut-être pour garder au vers sa mesure de huit pieds que le poète aura écrit *An-viller* pour *Ancerviller*. Dans le vers suivant, il déclare qu'il distribua ses journées de manière à se trouver à Chauvency le dimanche de la fête, c'est-à-dire le 1er octobre. Il mit donc un mois et demi pour effec-tuer le trajet, et cette indication vient à l'appui de mon interprétation relative à Ancerviller, car Avillers n'est situé qu'à deux ou trois journées au plus de Chauvency. Dans l'intervalle de ces six semaines, Brétex aura sûrement visité bien d'autres châ-teaux que ceux du comte de Salm; mais il passe ces visites sous silence, dans la crainte sans doute de donner trop d'ampleur à un poème spécialement consacré aux exploits, divertissements et réjouissances des trois jours de fête dont Chauvency fut le théâtre les lundi 2, mardi 3 et jeudi 5 octobre 1284. Ainsi, il n'aura certes pas manqué de se rendre au château de Blâmont, auprès du comte Henri Ier qui, sous le surnom de *Maus Cerviaux* ou *Maucervet*, fut l'un des héros de ces fêtes. Les vers suivants ne laissent aucun doute sur l'identification de ce personnage :

> V. 2827. A cestui mot, i ot grant feste,
> Et Maus-Cerviaux dréça la teste;
> Si a juré Thomas, son frère,
> Et Ferri de Blanmont, son père.

Le passage qui suit n'est pas moins précieux, en ce qu'il dépeint les armes adoptées par Henri Ier, et où ne figurent plus les croisettes de celles de la famille de Salm :

> V. 3161. Maucervet au vermoil escu,
> A deux saumons d'argent batu (1).

Par contre, aucune mention n'est faite de la présence du comte Henri IV de Salm ou de ses fils. Une seule fois le nom de Salm retentit dans le champ clos du tournoi. C'est *Maus Cerviaux* qui, le dernier jour de la fête, chevauchant devant le front de la bataille, à l'attaque du parti adverse :

> V. 3692. Dedens son hiaume crie et hue :
> « Saumes ! Saumes ! » Puis fiert et frape.

Par ce cri de guerre, le sire de Blâmont tenait évi-

---

(1) *De gueules, à deux saumons d'argent.*

demment à rappeler l'origine illustre de cette branche de la famille de Salm.

L'abstention du comte Henri IV peut s'expliquer par son âge déjà avancé, par l'état de santé peut-être déjà précaire du fils aîné Henri qui, quatre ans après, descendit prématurément dans la tombe, et enfin par les difficultés avec lesquelles la maison de Salm était alors aux prises relativement au comté de Castres.

Les conventions et accords relatifs à la succession du comté de Castres furent, en effet, suivis d'une guerre, avec alternatives diverses, entre l'évêque de Metz et le duc de Lorraine. Conrad, évêque de Strasbourg, et Henri, comte des Deux-Ponts, prirent le parti de l'évêque; Henri, comte de Vaudémont et ses trois fils Renaud, Henri et Jacques, se joignirent à Ferry III (1).

Un acte, daté du 15 septembre 1286, nous met au courant d'arrangements intervenus par la suite entre les belligérants : l'évêque Bouchard y déclare que Henri, comte de Salm, tient et doit tenir le château, la ville et dépendances de Morhange du duc Ferry de Lorraine. Il s'engage, en outre, à ne pas soutenir le comte de Salm contre le duc au sujet de la part que celui-ci a acquise à Xovemberch (Schaumberg) et Puttelange. En ce qui concerne Castres et appartenances, qui sont à l'évêque et de son fief, celui-ci promet de laisser jouir le duc, comme seigneur, des droits qu'il lui donnerait sur ledit Castres et appar-

---

(1) Bénédictins, *Hist. de Metz*, II, p. 471.

tenances et sur le fief mouvant de lui. Il est enfin spécifié que Castres et appartenances, en fiefs, gardes, hommages et héritages demeurent toujours à l'évêque et à l'évêché de Metz, quelle que soit l'extension que le duc ferait de ses droits au préjudice du comte de Salm et de ses héritiers (1).

Le lendemain, 16 septembre 1286, Bouchard, élu de Metz, et Ferry, duc de Lorraine « et marchis », font savoir que, d'un commun accord, ils ont mis entre les mains de Louis de Jeandelincourt, archidiacre de l'église de Metz et leur féable Mgr Renaud de Neufchâtel, chevalier, « une lettre parolle de Castres et de la chastellerie et appendances et en laquelle le duc a mis son scel ». Tant que le duc ou ses héritiers n'iraient en rien à l'encontre de monseigneur l'élu ou de l'évêché de Metz, ils ne devaient se dessaisir desdites lettres et cela jusqu'à ce que le duc et nobles hommes Henri, comte de Salm, Henri et Jean, ses fils, aient fait la paix. Mais sitôt que le duc, ou ses héritiers, et le sire de Salm et ses fils se seront entièrement mis d'accord, ils devront délivrer lesdites lettres à l'évêque (2).

Le 14 mai 1288, Henri comte de Salm, Henri, Jean

---

(1) Bouchard compléta le jour même cette clause par la déclaration suivante : « Je Bouchars par la grâce de Deu elleuz de Metz, fais savoir à tous que Morhanges, le chastauz, ne li bours, ne les appartenances, ne sont mies de nostre fié ne de fiez de l'evêchié de Mez, ne n'ont estei jusques à jour d'ui. Et pour que ce soit ferme chose et estable, je en ai donei ces letres seelées de mon seel et furent faites l'an de graice 1286 lou dimanche après l'exaltation Sainte-Croiz au mois de septembre. *Mettensia*, Cartul. év. de Metz, I, p. 329-333.

(2) *Mettensia*, Cartul. év. de Metz, I, p. 548.

et Ferry, ses fils, déclarent que Bouchard, évêque de
Metz, leur a payé ce dont ledit comte Henri s'était
obligé, pour l'évêque et ses devanciers, envers le seigneur de Wangnes, ainsi que le montant des dommages qu'ils pouvaient lui demander jusqu'à ce jour,
spécialement pour les dommages que l'évêque et ses
gens, ou ses aides, leur ont faits dans leurs chevau-
chées. La quittance est scellée du sceau du comte Henri
et de celui de Henri, seigneur de Forbach, apposé à la
prière de ses cousins Henri, Jean et Ferry, qui déclarent n'avoir pas de sceau (1).

Un traité fait entre le duc de Lorraine Ferry III
et le comte de Fribourg, à l'occasion du mariage du
fils de ce dernier, Conrad, avec Catherine de Lorraine, vise le différend qui existait alors entre le duc
Ferry III et le comte de Salm. Ferry III déclare, au
sujet de ce différend, qu'il s'en tiendra au jugement
de l'évêque de Strasbourg « et si H. comte de Salm
et Jean son fils refusaient de subir son jugement,
l'évêque prendrait le parti du duc Ferry contre
l'évêque de Metz ». Ce traité fut écrit dans le c'oître
de l'abbaye de Moyenmoutier, le mercredi avant le
dimanche des Palmes 1289 (2).

Le 5 février 1290 (*n. st.*) Henri, comte de Salm et
ses fils Jean et Ferry, font savoir qu'ils ont vendu à
Bouchard, évêque de Metz et à l'évêché, la seigneurie
de Xowemberg (Schaumberg) (3).

Par lettres données le lendemain, Bouchard d'A-

____

(1) *Mettensia,* I, p. 307.
(2) D. CALMET, IV, col. DXXIX.
(3) *Mettensia,* Cartul. év. de Metz, p. 132.

vesnes reconnut au comte de Salm et à ses fils, le droit
de racheter de lui Schaumberg moyennant le paiement
d'une somme de 1.000 livres messins et le remboursement des frais avancés par l'évêque pour la forti-
fication de ladite place, selon l'évaluation qu'en devait
faire Henri, seigneur de Forbach (1).

Le 8 février 1291 (*n. st.*) une sentence arbitrale
fut rendue par Jean de Dampierre, sire de Saint-
Dizier, surarbitre pour le règlement des différends
survenus entre Bouchard, évêque de Metz, le comte
de Salm et ses enfants, le seigneur de Forbach, le seigneur Thibaut de Neufchâtel et tous les alliés de
l'évêque d'une part; Ferry, duc de Lorraine et
marchis, Conrad de Réchicourt et tous les alliés du
duc d'autre part. Le duc devait rendre et délivrer à
l'évêque, le jeudi après les octaves de la Chandeleur
prochaine, Castres, le donjon et le bourg, Condé,
Deneuvre, le « chastel com dit Backerrat » (château
de Baccarat), Rambervillers, le donjon et le bourg.
Et si le duc faisait valoir des revendications sur
Schaumberg, sur Puttelange ou ailleurs, en raison
d'acquêts faits par lui ou par son oncle, jadis comte
de Castres, on devait lui faire droit (2).

Cette sentence arbitrale eut pour conséquence un
traité, qui fut conclu le mercredi avant la Saint-
Martin d'hiver (7 novembre 1291) (3).

------

(1) *Archives de Meurthe-et-Moselle,* B 397, fol. 1, v°.

(2) *Mettensia,* Cart. év. de Metz, I, p. 33 et 133.

(3) Ce document a été publié par D. Calmet, II, pr. col.
536-537. L'original est conservé à la Bibl. nat. (ms. lorr.
2, fol. 57).

Les contestations entre Ferry III et le comte de Salm, relatives à Schaumberg, Puttelange et Morhange, furent réglées par sentence arbitrale de Geoffroy de Joinville, seigneur de Vaucouleurs, en date du 2 novembre 1291 (1).

Le 4 novembre 1291, Henri IV demande, au duc Ferry III, de recevoir l'hommage de son fils Jean de Salm, chevalier, pour le fief de Morhange et les autres fiefs relevant du duc de Lorraine (2).

Ce fut sans doute l'un des derniers actes souscrits par le comte Henri IV, car il mourut en 1292, comme en témoigne l'épitaphe ci-après, transcrite par Dom Calmet au lieu de sa sépulture, dans l'abbaye de Salival où déjà reposait Lorette son épouse : *Ci-gist li sire Henri, comte de Saumes qui mourut li mardi après l'apparition l'an de grâce M.CC.LXXXXII priez Dieu por li* (3).

De son mariage avec Lorette de Castres, Henri IV eut trois fils :

1º *Henri*, l'aîné, qui figure pour la première fois, à la suite de son père, dans un acte du 21 avril 1275, au profit de Nicolas, leur voué de Hunolstein, et pour la dernière fois, également à la suite de son père et avant ses frères Jean et Ferry, dans une quittance du 14 mai 1288 (4). Il mourut entre cette dernière date et le 4 août de la même année, où son nom ne figure plus à côté de ceux de son père et de ses deux frères ;

---

(1) *Arch. de la Meuse*, B 256, fol. 252.
(2) *Ibid.*
(3) D. CALMET, VII, col. CLXXXIV.
(4) *Mettensia*, Cartul. év. de Metz, I, p. 307.

2º *Jean*, qui continua la lignée sous le **nom** de Jean Iᵉʳ, comte de Salm;

Fig. 3. — Sceau de Jean Iᵉʳ, comte de Salm

3º *Ferry*, qui apparaît, pour la première fois, à la suite de son père et de son frère Jean, dans un acte daté du 10 mai 1280, portant engagement, du château de Henaupierre ou Hunolstein, à Georges, comte sauvage. Il figure ensuite, toujours à la suite de ses frères Henri et Jean, en 1282 et 1283. Enfin, nous le trouvons une dernière fois mentionné, après son père et son frère Jean et avec la qualification de *clerc*, dans un acte en date du lendemain de la Trinité 1291 (1).

---

(1) A. FAHNE, I, p. 56; II, p. 37-41.

CONCLUSION

Le comté primitif de Salm, situé dans l'Ardenne belge, aux confins du pays de Liége, était, depuis le xiᵉ siècle, en possession de la puissante dynastie des premiers comtes de Luxembourg. Devenu l'apanage d'un cadet de cette maison, Herman Iᵉʳ, qui occupa une situation élevée à la cour épiscopale de Metz et fut élu, en 1081, roi de Germanie contre l'empereur Henri IV, le comté de Salm ne tarda pas à s'étendre vers le sud-est. Après l'abdication et la mort de Herman Iᵉʳ survenues en 1088, son fils aîné, Herman II, jeta les bases du futur comté de Salm-en-Vosge par son mariage avec Agnès de Montbéliard, veuve du comte Godefroy de Langenstein, issu de la maison d'Alsace. Par cette alliance, le comte Herman II acquit, dans le Saulnois et le Blâmontois, des domaines importants qui, avec le fief-vouerie de l'abbaye de Senones, dont il se trouve investi dès le début du xiiᵉ siècle, formèrent un ensemble progressivement étendu par les mariages de ses successeurs.

Herman II, en prévision de la vacance jugée prochaine du siège comtal de Luxembourg, rechercha l'appui de l'empereur Lothaire II et séjourna fréquemment à sa cour, en compagnie de son frère, Otton de Rineck, qui, par son mariage avec Gertrude de Nordheim, sœur de la reine Richenza, était devenu son beau-frère. Le comte Herman II fut ainsi amené à s'allier au duc Simon Ier de Lorraine (demi-frère de Lothaire II) contre l'évêque de Metz et le comte de Bar. Il succomba, au cours de ces luttes contre ses beaux-frères, en même temps que son fils aîné Herman III, vers l'année 1036. Henri Ier, son fils puîné qui lui succéda, trop jeune sans doute pour revendiquer le comté de Luxembourg devenu vacant précisément en 1036, hérita de tous les domaines de son père Herman II et de son frère Herman III, domaines très étendus qu'il augmenta encore par son mariage avec une fille de la maison de Lutzelbourg issue de celle de Ferrette. A ce moment, la maison de Salm avait atteint l'apogée de sa puissance et, dans une charte de l'évêque Henri de Toul, datée de 1049, le nom du comte Henri Ier figure, comme témoin, avant ceux des comtes de Vaudémont, de Bar et de Chiny.

Le partage, qui suivit la mort de Henri Ier et qui réduisit l'héritage du fils aîné, Henri II, de tout l'ancien comté de Salm-en-Ardenne distrait en faveur du fils puîné Frédéric, marqua une première étape dans la voie de la décadence. Cependant, l'éloignement de ce domaine ardennais enlevait à cette mesure l'importance qu'elle aurait eue avant l'avènement de la nouvelle maison comtale de Luxembourg; car ce domaine, devenu fief d'une dynastie étrangère, ne répondait plus aux visées d'agrandissement et d'indépendance des premiers comtes de Salm. La part du comte Henri II comprenait tous les châteaux et seigneuries du Saulnois, du Blâmontois, de Pierre-Percée, ainsi que les fiefs-voueries de Vic et de l'abbaye de Senones. Pour justifier son titre de comte de Salm, qu'il tenait à conserver, Henri II, dans le dernier quart du XIIe siècle, fit bâtir le château de Salm-en-Vosge, sur un rocher escarpé du bassin de la Bruche, aux confins de l'Alsace (Voir planche, p. 118).

Les plaintes de l'abbaye de Senones contre ses voués, que nous trouvons formulées dès le début du règne de Herman II et qui se renouvelèrent pour ainsi dire périodiquement par la suite, sont dues surtout à la situation spéciale de cette abbaye, qui de royale devint épiscopale au moment de la donation qu'en fit Charlemagne à l'évêque de Metz. Le voué n'était pas, comme en beaucoup d'autres monastères et même dans les prieurés de l'abbaye de Senones situés en dehors du domaine épiscopal, un officier relevant de l'abbé; il était le représentant direct de l'évêque de Metz, qui l'avait nommé et dont il tenait sa charge de voué à titre de fief transmissible, comme les autres fiefs déjà à cette époque, moyennant l'hommage lige à l'évêque suzerain. L'abbé, de son côté, devait foi et hommage à ce seigneur temporel pour la jouissance du domaine de l'abbaye, sous la protection du voué épiscopal. On saisit ainsi la différence entre les deux fiefs : celui de l'abbé lui donnait la jouissance paisible de la pro-

priété foncière, avec son droit naturel de juridiction;
l'autre, celui du voué, comportait l'exercice d'une
fonction avec charge de protéger le territoire de
l'abbaye contre toute attaque et de fournir à l'é-
vêque le contingent militaire requis. Le bénéfice
concédé au voué, et consistant habituellement en
diverses redevances payées par les habitants, constituait la rémunération de ses services.

L'emplacement choisi par le comte Henri II pour
la construction du château destiné à servir de place
d'armes et de chef-lieu de son comté, empruntait
aux circonstances une signification particulière. Ce
choix marquait la volonté d'en faire le centre d'un
État qui ne pouvait s'étendre qu'au détriment des
évêchés de Metz et de Strasbourg. Le mariage de
Henri II, avec Joatte ou Judith, fille du comte Ferry
de Bitche et sœur du duc de Lorraine, ne pouvait
que fortifier ce projet ambitieux. Mais la mort prématurée de leur fils aîné et les agissements coupables
du puîné survivant, Ferry, écartèrent pour le moment toute tentative d'agrandissement. Ce fils aîné,
Henri III, marié à une fille du comte de Bar, avait
été associé au gouvernement du comté et mis en
possession des seigneuries de Deneuvre, de Blâmont,
de Morhange et de Viviers. Nous avons relaté le
conflit qui s'éleva entre lui et l'abbé Wildéric de
Senones et qui aboutit à l'abandon temporaire du
monastère par la plupart des religieux. Richer, qui
rapporte ces faits, reproche à Henri III d'avoir
aspiré à l'empire. Un brillant avenir s'ouvrait donc
devant lui, quand il mourut en 1228, à la fleur de

l'âge, laissant un fils au berceau. Son père, le comte
Henri II, mourut plus que nonagénaire, vers 1245 et
fut inhumé, ainsi que son épouse Judith, dans l'abbaye de Senones sous un tombeau que Richer orna
de sculptures (Voir fig. 2, p. 137).

Le fils survivant, Ferry, s'empara aussitôt de tout
le comté, au mépris des droits de son jeune neveu;
mais celui-ci, avec l'appui sans doute du comte de
Bar, parvint à se mettre en possession de son héritage. Ferry dut se contenter de la seigneurie de Blâmont et du château de Deneuvre. Ce nouveau dé-
membrement fut beaucoup plus grave que le précédent, puisqu'il eut pour conséquence la création,
au centre même des possessions du comté de Salm-
en-Vosge, d'un nouvel État dont la rivalité initiale
devait fatalement s'accentuer par la suite. Ferry
devint ainsi la tige des sires ou comtes de Blâmont.

L'évêque, Jacques de Lorraine, était un esprit
politique trop prévoyant et trop entreprenant pour
ne pas tirer parti de la situation. Il accorda son
appui au comte Ferry, moyennant sa promesse de
lui vendre et de reprendre de lui en fief le château
et le bourg de Blâmont, si un accord avec son neveu
lui attribuait cette seigneurie. Cette éventualité
s'étant réalisée, Ferry dut exécuter sa promesse et
il fit ses reprises à l'évêque de Metz le 10 novembre
1247.

Le jeune comte Henri IV resta en possession du
reste de l'héritage paternel, notamment des châteaux de Salm, de Pierre-Percée, de Morhange, de
Viviers et de la vouerie de Senones. Ces domaines

constituaient un ensemble fort imposant, auquel
vint s'ajouter encore la seigneurie allodiale de Henaupierre ou Hunolstein que lui apportait en dot son
épouse Lorette de Castres. Jacques de Lorraine
pressentit le danger que faisait courir, à l'évêché
de Metz, l'existence de ce comté indépendant en-
clavé dans les possessions épiscopales. Il s'attacha,
dès lors, à poursuivre, auprès du comte de Salm,
l'œuvre qui lui avait si bien réussi vis-à-vis du nouveau sire de Blâmont. Cette politique avait d'autant
plus de chances de réussite que le comte Henri IV,
paraissant avoir renoncé à la vaine gloire des exploits
de ses ancêtres, consacrait toute son activité et son
intelligence à l'organisation d'établissements indus-
triels. C'est sur ce terrain que ses adversaires par-
vinrent à le vaincre. La destruction du puits et des
bâtiments annexes, construits près de son château
de Morhange pour l'extraction du sel, amenèrent
tout d'abord le comte Henri IV à vendre ce château
allodial au duc de Lorraine et à le reprendre de
lui en fief, afin de le soustraire à de nouvelles ingé-
rences de l'évêque de Metz.

Stimulé par la crainte de voir les autres possessions
allodiales de la maison de Salm passer sous la suzeraineté des ducs de Lorraine, l'évêque Jacques hâta,
avec une rudesse et une dureté que seule la grandeur
du but à atteindre pourrait justifier, l'exécution
du plan qu'il s'était tracé. Faisant droit aux protes-
tations de l'abbé de .Senones contre l'établissement
des forges sur le territoire de l'abbaye, il fit détruire
de fond en comble les fourneaux et les bâtiments et

enlever tous les outils, le tout installé à grands frais
et déjà en plein rendement. C'était la ruine, et pour
se relever Henri IV dut se résoudre à vendre, à l'é-
vêque Jacques, ses châteaux de Salm et de Pierre-
Percée et à les reprendre de lui en fiefs, après qu'il
en eut pris possession, dans les formes alors en usage.
Le comté de Salm-en-Vosge, comme le comté de
Blâmont en formation, n'étaient plus alors que des
fiefs de l'évêché de Metz.

Jacques de Lorraine ayant ainsi atteint son but,
ne se soucia plus dès lors de donner satisfaction aux
religieux de l'abbaye de Senones, qui croyaient
obtenir de lui la suppression du voué. L'évêque
mourut d'ailleurs, peu après, en 1260. Cette mort
fut pour l'abbaye de Senones une véritable catastrophe, car le successeur de Jacques de Lorraine,
Philippe de Florenges, bien loin d'épouser les idées
d'affranchissement des religieux, se montra plutôt
disposé en faveur de son voué. Le comte Henri IV,
sans rencontrer d'opposition de la part de l'évêque
de Metz, fit rétablir les forges de Framont, ce qui
lui valut l'excommunication proclamée journellement, par le couvent de Senones, contre le voué et
ses adhérents. Ainsi envenimé, le conflit ne tarda
pas à dégénérer en violences. Les officiers du comté
de Salm, usant des représailles si fort en honneur
à l'époque, procédèrent à l'enlèvement du bétail,
des meubles et ustensiles de cuisine, c'est-à-dire à
ce genre de pillage appelé *gagerie*, l'une des plaies
les plus douloureuses du Moyen Age. Ces excès et
l'occupation de la cour intérieure du monastère par

les hommes d'armes du bailli Renaud, entraînèrent
un deuxième exode des religieux. L'intervention de
l'évêque de Toul ne fit qu'aggraver la situation, par
la mise en interdit de tout le comté, d'autant plus
que le duc de Lorraine, le comte de Vaudémont et
d'autres chevaliers conseillaient plutôt la résistance.
Finalement, la paix fut rétablie, grâce à l'intervention de l'évêque de Metz. Un traité, daté de novembre
1261, décida que toutes les mines des montagnes de
Froide-Plaine et de *Ferramont* appartiendraient par
moitié à l'abbaye de Senones et au comte de Salm;
que les forges seraient rétablies à frais communs et
leurs profits répartis par moitié entre eux. Ce conflit
finit donc par où il aurait dû commencer, c'est-à-dire
par un accord raisonnable des deux parties. Avec
un peu de bonne volonté de part et d'autre, cette
lutte homérique entre l'abbaye et son voué aurait
pu être évitée.

Jacques Brétex nous a laissé une description très
vivante d'un séjour effectué par lui au château de
Salm-en-Vosge, en 1284. Il attribue au comte Henri IV
des qualités tout à son honneur et qui ne sont con-
tredites par aucun des actes authentiques que nous
avons eu à analyser. Ni lui ni aucun de ses fils n'ont
assisté aux tournois de Chauvency, retenus qu'ils
étaient alors, sans doute, par les négociations au
sujet de la succession au comté de Castres, ouverte
par les décès successifs du comte Renaud de Lorraine
et de sa veuve Élisabeth de Castres. Celle-ci étant
morte sans postérité, une partie de l'héritage revenait à sa sœur Lorette, mariée au comte de Salm.

Henri IV, précédé dans la tombe par son épouse et son fils aîné Henri, mourut lui-même en 1292 et reçut, comme eux, la sépulture à l'abbaye de Salival. Il eut pour successeur son fils aîné, Jean, qui ouvre la série des comtes de ce nom se terminant par Jean IX.

Ce dernier, célibataire, institua pour son héritière sa nièce, Christine de Salm, qui, par son mariage avec François de Vaudémont, en 1597, apporta à la maison de Lorraine la partie du comté de Salm située au nord-ouest de la Plaine, mais délimitée seulement en 1751.

La partie qui s'étendait au sud-est revint à une dynastie devenue complètement étrangère au pays, au profit de laquelle tout l'ancien territoire de l'abbaye de Senones fut, en 1623, érigé en principauté.

D'usurpation en usurpation, cette nouvelle dynastie était parvenue à transformer le fief-vouerie relevant de l'évêché de Metz en un petit État indépendant dont les habitants se donnèrent librement à la France, en 1793.

TABLE DES MATIÈRES

PLANCHE ET FIGURES

IMPRIMERIE BERGER-LEVRAULT, NANCY-PARIS-STRASBOURG

www.ingramcontent.com/pod-product-compliance
Lightning Source LLC
LaVergne TN
LVHW052015060726
842528LV00002B/516